AF514361

Andreas Gryphius

Catharina von Georgien.
Ein barockes Trauerspiel um 1700

SEVERUS Verlag

Gryphius, Andreas: Catharina von Georgien. Ein barockes Trauerspiel um 1700. 2018
Neuauflage der Ausgabe von 1886
ISBN: 978-3-95801-827-3

Umschlaggestaltung: Annelie Lamers, SEVERUS Verlag
Umschlagmotiv: www.pixabay.com

Bibliografische Information der Deutschen Nationalbibliothek: Die Deutsche Nationalbibliothek verzeichnet diese Publikation in der Deutschen Nationalbibliografie; detaillierte bibliografische Daten sind im Internet über https://dnb.de abrufbar.

Der SEVERUS Verlag ist ein Imprint der Bedey & Thoms Media GmbH,
Hermannstal 119k, 22119 Hamburg

SEVERUS Verlag, 2018
http://www.severus-verlag.de
Gedruckt in Deutschland

Andreas Gryphius

Catharina von Georgien

Ein barockes Trauerspiel um 1700

SEVERUS

Editorische Notiz:
Der Text der vorliegenden Edition beruht auf der Ausgabe:
Andreas Gryphius: Catharina von Georgien., Philipp Reclam jun., Stuttgart, 1657. Die Orthographie wurde behutsam modernisiert, grammatikalische Eigenheiten bleiben gewahrt. Die Interpunktion folgt der Druckvorlage. Der Inhalt ist im historischen Kontext zu lesen.

Inhalt

Grossgunstiger Leser

Die von mir begehrete Catharine trit nunmehr auff den Schauplatz vnsers Vaterlandes/ vnd stellet dir dar in jhrem Leib vnd Leiden ein vor dieser Zeit kaum erhöretes Beyspiel vnaußsprechlicher Beständigkeit/ die Crone Persens/ die Ehr deß Siegreichesten vnd Berühmtesten Königes/ die Blüthe der Jugend/ die vnaußsprechlichen Wollüste/ die Freyheit so höher zu schätzen als das Leben/ die schreckliche Marter/ die Gewalt der Parthen/ die Art deß Todes/ so grauser als der Tod selbst/ die Thränen deß Mitgefangenen Frauenzimmers/ das Verlangen nach jhrem Thron/ Kind/ vnd Königreich bekriegen eine zarte Fraw/ vnd müssen überwunden vnter jhren Füssen ligen. Mit kurtzem: die Ehre/ Tod/ vnd Liebe ringen in jhrem Hertzen vmb den Preiß/ welchen die Liebe/ nicht zwar die Irrdische vnd Nichtige/ sondern die heilig-Ewige erhält/ der Tod aber darreichet vnd versichert. So kräfftig ist der in dem schwächsten Werckzeuge/ dessen Ehre diese Königin mit jhrem Blut außstreichet/ diß einige beklage ich; daß meine Feder zu schwach/ so hohe Geduld/ so hertzhafte Standhafftigkeit/ so fertigen Schluß das Ewige dem Vergänglichen vorzuziehen/ nach Würden herauß zustreichen. Zwar ist dieser Königin entwurff schier länger bey mir verborgen gewesen; Als sie selbst in den Banden deß Persischen Königes geschmachtet. Vnangesehen Ein/ in diesem Stück nicht gar zu treuer Freund mir solche vnbedachtsam/ vnd noch behafftet mit dem Vnlust jhres Kerckers zu entführen gesuchet. Sie ist grösser/ als daß Sie einige Verläumbdung anspeyen können; (wie wol man/ als sie noch bey mir verborgen gewesen/ ich weiß nicht wie die/ die Christi Gottheit mit Jhrem Sterben ehret/ entehren wollen) Ich aber verständiger/ als daß ich glaube; man könne allen/ ja auch denen gefallen/ welche nur darumb lästern/ daß man noch jemands gefället in dem man seine Vnvolkommenheit erkennet. Verzeihe mir Großgunstiger Leser/ daß ich dich bißher auffgehalten/ vnd wende dein Gesicht mit mir von dem was

Vergänglich auff die
ewigherrschende
EWIGKEIT.

Inhalt dess Traur-Spiels

CATHARINE, Königin von Georgien in Armenien/ nach dem Sie ruhmwürdigst jhr Königreich wider den grossen König in Persen zu vnterschiedenen malen beschützet/ jhres Schwehers vnd Ehegemahls Tod gerochen/ vnd endlich von dem König auß Persen mit vnüberwindlicher Macht vberfallen/ hat Sie sich in eigner Person in das feindliche Läger begeben/ vmb Frieden zu bitten: Alda sie stracks in gefängliche Hafft genommen/ nach Schiras der Persischen Hoffstadt verschicket. Vnd von dem verliebten Königе verwahret worden. An welchem Ortt nach etlichen Zeit/ als Sie dem in vnkeusche Liebe entbrandten Könige die Ehe abgeschlagen/ vnd bey Christi Bekändtnüß verharret; Sie/ (vnangesehen sich viel vmb jhre Freyheit/ vnd zuförderst deß Reußnischen Großfürsten Gesandter höchlich bemühet/) die erschreckliche Marter der glüenden Zangen standhafftig außgestanden/ vnd jhr jammer-volles Leben voll freudiger Geduld/ auff dem Holtzstoß vollendet. Der gantze Verlauff jhres Lebens wird weitläufftiger erzehlet von jhr selbst in der dritten Abhandelung vnd was dem anhangend/ von dem Armenischen Gesandten/ in dem Sechsten Auffzuge der ersten Abhandelung.

Inhalt der Abhandelungen

I. Die Ewigkeit verwirfft die Eitelkeit der Welt; vnd zeiget durch was Mittel die vnvergängliche Ehre zu erlangen. Demetrius vnd Procopius/ welche in heimblichen Verstande mit der Königin Statt-Jungfer/ werden durch selbte zu der Königin/ durch die von zugerichtetem Weine eingeschläffete Wache geführet; entdecken selbiger den Zustand Georgiens/ vnd versichern Sie gewisser Erledigung. Solche Unterhandelung wird gestöret durch unverhoffte Ankunfft deß Persischen Königes/ welcher vmbsonst/ der Königin Keuschheit zugesetzet. Das Gefangene Frauenzimmer beschleust/ vnd beklaget mit einem Trauer-lide/ deß Vaterlandes Vntergang.

II. Chach Abas beklaget sich daß seine Liebe sonder Frucht. Wird abgefordert zu der Abschieds Verhör deß Gesandten auß Reussen/ welcher in selbter den König vmb Erledigung der Catharine belanget/ die jhm zwar versprochen/ Chach Abas aber beklaget bald nach abtritt deß Gesandten/ daß er zu vnbedachtsam in ihre Freyheit gewilliget. Die Abhandelung wird geschlossen von den Reyen der von Chach Abas ermordeten Fürsten.

III. Der Reußnische Gesandte besuchet die Gefangene Königin: Versichert Sie jhrer Freyheit/ vnd höret den gantzen Verlauff jhres Lebens an. In dessen entschleust sich Chach/ bestritten von Lieb: Eyver vnd Ehre/ der Königin sein Ehebett vnd Persische Crone/ oder den grimmigsten Tod vorzuschlagen. Die Abhandelung wird beschlossen von der Königin Frauenzimmer/ welches sich zu der vermeineten heimreise fertig machet.

IIII. Die Königin bereitet sich zwar zu dem vermeineten Auffbruch/ muthmasset aber/ in dem Sie eine unverhoffte Traurigkeit überfället/ daß ein neues Vnglück vorhanden. Ihr entdecket Iman Culi deß Königs endlichen Schluß. Catharine wehlet den Tod/ bereitet sich zu dem letzten Kampff/ gesegnet das betrübte FrauenZimmer: Vnd wird von dem Bluttrichter abgefordert. Die Tugenden vermahnen in dem Reyen die Menschen zu wahrer Beständigkeit; vnd schlissen den Streitt deß Todes vnd der Liebe/ welche jhre Macht herauß streichen.

V. Serena, welche bey der Marter der Königin in Ohnmacht gefallen; wird von den Verschnittenen in das FrauenZimmer getragen/ vnd erquicket: Sie erzehlet den übrigen Jungfrauen der Königin Leiden vnd Beständigkeit. Selbige eilen vmb der Königin Leiche abzuholen: finden Sie aber gleich auff dem Holtzstoß auff welchem Sie ruhmwürdigst jhr langes Elend endet. Chach Abas/ welcher seine Geschwindigkeit bereuet; gibt Befehl den Iman Culi zu binden: vnd die Königin zu retten aber zu spätt. Der Reußnische Gesandte erhält nachricht von der Königin Vntergang/ vnd verweiset solche Grimmigkeit dem Seinel Can, in dem Schach Abas der Catharine Tod zu langsam beweinet.

Personen dess Trauerspiels

CATHARINA. Königin von Georgien.

Salome/ Serena vnd Cassandra. Der Königin StattJungfrauen

Der Königin FrauenZimmer.

Procopius vnd Demetrius. Gesandten von Georgien.

Ambrosius. Der Priester.

CHACH ABAS. König der Persen.

Seinel Can vnd Iman Culi. Deß Königs Geheimeste.

Der Gesandte auß Reussen.

Ein Diener.

Der Blutrichter.

Die Ewigkeit.

Stumme Personen.

Deß Königs auß Persen Hoffeleute.

Zwey Verschnittenen.

Das Hoffgesinde deß Reußnischen Gesandten.

Die Hencker.

Die Chore sind deß Frauen Zimmers. Der ermordeten Geister. Der Tugenden. Deß Todes vnd der Liebe.

Das Trauerspiel beginnet vor Auffgang der Sonnen/ vnd endet sich mit dem Tage. Der Schauplatz ist die Königliche Hoffhaltung zu Schiras in Persen. Die gantze Handelung bildet ab den letzten Lebens-Tag der Königin CATHARINE.

Die Erste Abhandelung

Der Schauplatz lieget voll Leichen-Bilder/ Cronen/ Zepter/ Schwerdter etc. Vber dem Schau-Platz öffnet sich der Himmel/ vnter dem Schau-Platz die Helle. Die Ewigkeit kommet von dem Himmel/ vnd bleibet auff dem SchauPlatz stehen.

Ewigkeit.

DIE Ihr auff der kummerreichen Welt
Verschrenckt mit Weh' vnd Ach vnd dürren Todtenbeinen.
Mich sucht wo alles bricht vnd felt/
Wo sich Eu'r ichts/ in nichts verkehrt/ vnd eure Lust in herbes Weinen!
Ihr Blinden! Ach! wo denckt jhr mich zu finden!
Die jhr vor mich was brechen muß vnd schwinden/
Die jhr vor Warheit nichts als falsche Träum' erwischt!
Vnd bey den Pfützen euch an stat der Quel erfrischt!
Ein Irrlicht ists was Euch O sterbliche! verführet
Ein thöricht Rasen das den Sinn berühret.
Wil jmand Ewig seyn wo man die kurtze Zeit
Die Handvoll Jahre die der Himmel euch nachsiht
Diß Alter das vergeht in dem es blüht
In Vnmuth theilt vnd in Vergängligkeit?
Die Throne krachen[1] ja wenn dieser sie nicht helt
Der durch ein Wort beweget Hell vnd Welt.
Offt hat der mit gekröntem Haupt beherrschter Länder Macht erschüttert
In einem Nu/ vor frembdem Stul in angeschlossnem Stahl erzittert.
Man schlief nicht einmal nur auff die gesalbten Nacken
Schwerdt/ Beil vnd Hacken.

Der Fürsten heylig Blut trof durch verfluchter Hencker Hand
In den ob diesem Greuel-stück entfärbten Sand.
Dem Vberwinder auch wurd offt sein Lorberkrantz
Verwandelt in Cypressen Aeste/
Er zog in seinem freudenfeste
Mit deß Triumphs Gepränge zu dem Todtentantz.
Was dieser baut bricht jener Morgen ein/
Wo jtzt Paläste stehn
Wird künfftig nichts als Gras vnd Wiese seyn
Auff der ein Schäfers Kind wird nach der Herde gehn
Euch selbst/ den grosse Schlösser noch zu enge
Wird/ wenn jhr bald von hier entweichen werdet müssen
Ein enges Hauß ein schmaler Sarg beschlissen.
Ein Sarg der recht entdeckt wie kurtz der Menschen Länge[2].
Wo aber hin? nach was doch ringet jhr
Ihr die jhr glaubt daß euer Feder Macht
Den Tod vnd Zeit hab' an ein Joch gebracht?
Glaubt frey die Ewigkeit beruht nicht auff Papir.
Indehm jhr Frembde wolt dem Vntergang entzihn;
Vermerckt jhr nicht wie eure Tag entflihn?
Ihr eilt indem jhr (trotz den Himmelslichtern!) wacht
In eures Grabes Nacht.
Wie mancher steigt durch Rauch deß falschen Ruhms verblendet
Nach hoher Ehr vnd fält/
Wenn der Gewächsten Flügel schwung bey gar zu naher Sonnen endet.
In höchste Schmach/ vnd wird ein Scheusal aller Welt.
Ach thörichte! der vor euch sinckt auff beide Kni
Wündtscht offt euch da zu sehn wo nichts denn Tod vnd Müh.
Ihr die jhr euch in Gold verliebt
Vnd Sud vnd Ost durchrennt vmb andre reich zu machen;
Wo bleibt jhr wenn man alles übergibt?
Wenn eine Stunde schleust die Reitung aller Sachen?
Wer Jahre zehlt denckt der wol je an mich?
Wehn liebliche Gestalt betreuget/
Wehm seiner Wangen Farbe leuget

O HErr O Himmels HErr helt er sich schöner wol als dich?
Setzt Bilder auff! durchlaufft die grosse See!
Entdeckt ein wildes Land/ setzt Nahmen auff den Schnee[3].
Nennt Vfer/ nennet Berg nach der Geschlechter Tittel
Ja schreibet Freund vnd euch ans Monden Rand vnd Mittel[4]!
Doch glaubt diß auch darbey
Daß auch diß was jhr besitzet euch noch recht bekand nicht sey/
Daß jhr/ was Ewig ist hier noch nicht habt gefunden/
Daß euch nur Eitelkeit vnd Wahnwitz angebunden/
Schaut Arme! schaut was ist diß Threnenthal
Ein FolterHauß/ da man mit Strang vnd Pfahl
Vnd Tode schertzt. Vor mir ligt Printz vnd Crone
Ich tret auff Zepter vnd auff Stab vnd steh auff Vater vnd dem Sohne.
Schmuck/ Bild/ Metall vnd ein gelehrt Papir/
Ist nichts als Sprew vnd leichter Staub vor mir.
Hir über euch ist diß waß ewig lacht!
Hir vnter euch was ewig brennt vnd kracht.
Diß ist mein Reich/ wehlt/ was jhr wündtschet zu besitzen.
Wer allhier fählt dem wird nichts auff der Erden nützen.
Schaut deß Himmels Wollust an! hir ist nichts denn Trost vnd Wonne
Schaut den Kercker deß Verterbens/ hir ist nichts denn Ach vnd Klage!
Schaut das Erbschloß höchster Lust; hir ist nichts denn Freud vnd Sonne
Schaut den Pful der schwartzen Geister; hir ist nichts denn Nacht vnd Plage
Was steht euch an?
Diß ist was Ewig euch ergetzen vnd verletzen kan.
Schauplatz der Sterbligkeit/ Ade! ich werd auff meinen Thron entrücket
Die werthe Fürstin folget mir die schon ein höher Reich erblicket/
Die in den Banden frey/ nicht jrrdisch auff der Erd/
Die stritt vnd lid für Kirch vnd Thron vnd Herd.
Ihr/ wo nach gleicher Ehr der hohe Sinn euch steht;

Verlacht mit jhr/ was hir vergeht.
Last so wie Sie das werthe Blut zu Pfand:
Vnd lebt vnd sterbt getrost für Gott vnd Ehr vnd Land.

Demetrius. Procopius.
Der SchauPlatz verendert sich in einen Lustgarten

Demetr. Diß ist die feste Burg die vnsern Schatz beschlossen
Das Kleinod dessen wir so kurtz/ doch wol/ genossen.
Die Sonn' Iberiens die als jhr Glantz anfing
Zu strahlen durch die Lufft so bluttig unterging
Verfinstert dieser Stein. Die vber vns regiret
Ward für vns in die Band' als eine Magd geführet?
Mit Ihr zog vnser Ruhm vnd Freyheit vnd Gewin
Vnd vngepochte Macht in frembdes Elend hin.
Wer hat euch nicht bißher mit vnerschöpfften Sehnen
Mit Seufftzenreichem Ach vnd vnverfälschten Thränen
Bejammert vnd betraur't. Wer wolte nicht dem Tod
Getrost entgegen ziehn/ dafern die ehrne Noth
Vor euch solch Opffer wolt' O Königin der Frauen
Die je der Tag bekrönt kont auff der Erden schauen!
Die Vaterland vnd Reich durch Faust vnd Recht geschützt/
Den Strom der Tyranney mit Stahl vnd Mutt gestützt
Die jhres Fürsten Mord durch dessen Tod gerochen
Der Gott den Eyd/ vns Trew/ vnd alles Recht gebrochen
Das Völcker je bepfählt der durch deß Vatern Brust[5]
Ins Brudern Hertze stiß: Fraw! eurer Zeiten Lust
Die Tefflis[6] hat erquickt/ Georgien ergetzet/
Der Persen Reich erschreckt vnd Gurgistan entsetzet/
Als sich die grimme Macht der grausen Schar verband
Zu dempffen vnser Volck mit Sebel/ Pfeil vnd Brand
Die/ als nichts übrig mehr für aller Heil zu wagen
Sich selber unverzagt wolt in die Schantze schlagen!
Ist werthe Königin/ ist Hoffnung daß man noch
Euch auß der strengen Last/ dem Demandfesten Joch
Erretet grüssen soll! wird vns der Himmel gönnen

Daß wir nach so viel Angst euch werden ehren können?
Geschickt auff eure Burg/ gesetzt in euren Thron
Gelobt von eurem Volck/ geküst von eurem Sohn.
Wird der mein greiser Kopff den schönen Tag erleben
Der vnser langes Leid sol durch die Freud auffheben?

PROCOP. Ich zweifle nunmehr nicht. Gott gibt vns in die Hand
Die Schlüssel dieser Kett'/ Er reist das feste Band
Mit starcker Faust entzwey/ Er öffnet vns die Thüren
Vnd zeigt vns Mittel an/ die Perle wegzuführen.
Ihr habt es selbst gehört (traut bitt ich eignem Ohr)
Wie der Gesandte sich beym Tamaras[7] verschwor;
Wie hoch Er sich versprach nach Moßkaw nicht zu dencken
Eh' aller Fleiß versucht ob Abas sey zu lencken.
Ihr schaut wie trefflich Ihn der grosse Hoff geehrt/
Mit was vor Anmuth Ihn der Persen Haubt gehört!
Wie glücklich Er verricht warumb Er außgesendet
Wie Er nach höchstem Wundtsch das gantze Werck vollendet.
Die Bitte mangelt noch die Er auff diesen Tag
In dem Er Abschiedt sucht gar leicht erhalten mag.
Solt Ihm/ dem man bißher/ so viel nicht abgeschlagen
Ein eingekerckert Weib Chach Abas wol versagen?

DEMETR. Ein Weib/ doch die geherrscht vnd sein gantz Reich gekränckt.

PROC. Der Er in heissem Zorn das Leben hat geschenckt.

DEM. Daß Sie durch lange Pein in höchster Angst verschwinde

PROC. Vielmehr daß Sie jhr Glück auch in dem Kercker finde.

DEM. Ihr Glück in diesem Hoff? in dem nur Mord vnd Tod!

PROC. Man fand die höchste Hülff/ offt in der höchsten Noth.

DEM. Wie lang' hat Tamaras Sie nun vmbsonst begehret?

PROC. Den Er vor seinen Feind so vilmal hat erkläret.

DEM. Er weiß das diese Bitt herrührt von jhrem Sohn.

PROC. Der seine Bitt außdrückt durch eine grösser Cron.

DEM. Ist Reussen denn so viel an vnserm Heil gelegen?

PROC. Was bringt durch Gaben man bey Fürsten nicht zu wegen?

DEM. Gunst durch Geschenck erkaufft fällt durch Geschencke hin

PROC. Sie falle! wenn wir nur erhalten den Gewin!

DEM. Auß Persen der Gewin? Ist Abas euch so neue
Der Bluthund.
PROC. Zweifelt ihr an deß Gesandten Treue?
DEM. Gantz nicht an seiner Trew'/ vnd viel an seiner Macht.
PROC. Chach kennt der Reussen stärck/ im fall jhr Grimm erwacht.
DEM. Chach weiß daß Reussen nicht vmb eine Fraw wird kämpffen.
PROC. Wer sich vor Brand entsetzt muß auch die Funcken dämpffen.
Wer Krig fleucht gibt dem Feind nicht Vrsach an die Hand.
DEM. Wer sich versichert wil/ hält fest ob seinem Pfand.
Man läst die Leuen nicht leicht auß dem Käficht springen.
PROC. Es geh' nun wie es geh' diß Licht wirds mit sich bringen
DEM. Gewiß nicht schlechte Pein wo nicht die gröste Lust.
Mir ist ich weis nicht wie/ mir ligt was auff der Brust
Ich schmachte zwischen Furcht/ Verlangen/ Angst vnd Hoffen
Wo bleibt doch Salome?
PROC. Halt an die Thür ist offen
In den verdeckten Gang hat sie mich nechst bestellt
Als ich der Persen Stahl bezwang durch Grichisch Geld.

Salome. Procopius. Demetrius.

SALO. Die braune Nacht vergeht/ Diane wil erbleichen/
Der Wagen kehrt sich vmb/ der Sternen Heer' entweichen
Der Himmel steht gefärbt/ die Morgenröthe lacht/
Das grosse Licht der Weltt die edle Sonn erwacht.
Die angenehme Lufft spielt durch die grünen Wälder/
Der Perlne Taw erquickt/ die außgedörten Felder
Die Welt steht als erneut. Wir aber wir allein
Vergehen in der Angst. Die Finsternüß der Pein
Deß Kerckers grause Noth/ die Fässel so vns binden
In frembder Tyranney/ sind ewig hir zu finden.
Wir wündtschen: sonder Rath! wir hoffen: sonder Grund!
Wir bitten: sonder Trost! der auffgesprengte Schlund
Der Hellen kracht vns an/ der Himmel leert die Keyle
Der Donner auff vns auß/ die Schwefel-lichten Pfeile
Betrübte Königin! (ich klage nicht vmb mich.)
Betrübte Königin! verwunden ewig dich.

Du aller Fürsten Fürst wie lange wilst du wütten!
Ist dein grundgüttig Hertz nicht weiter zu erbitten.
Sol die/ die auff dich traut die Völcker ewig sehn
So trotzen vber sich/ die deinen Nahmen schmähn.
Die vnser herbe Noth für deine Schand außbreiten/
Die eine schlechte Fraw durch Macht vnd List bestreiten.
Mein JEsus schaw vns an reiß diese Wolck entzwey
Die dein Gesicht verdeckt/ vnd gib die Seele frey
Die in dem Garn verstrickt. Wer reget mein Gemütte?
Mein kalter Geist entbrennt. Gibst du auff was ich bitte
Allwissend Wesen/ acht? wie? oder fühlt mein Hertz
Vorbotten neuer Angst? kan jrgend noch ein Schmertz
Für vns vorhanden seyn? wie daß ich nicht vernommen
Die so auß Gurgistan vns zu besuchen kommen?
Sie haben ja der Thür auch nicht der Zeit verfehlt/
Die gestern beyderseits in höchster Eyl erwehlt?
Ach! hab ich wol zu späth mich an den Ort gefunden?
Ach hat der Wächter Grimm sie etwan schon gebunden!
Verzih ich? such ich! Nein! dein Leben laufft gefahr
Wo renst du arme hin? wo? nach der Todten-Bar
Sol ich vergebens denn Sie nach der Angst bemühen/
Sol ich der Königin die Mittel gantz entzihen
Die vns der Himmel zeigt? nein warlich! Salome!
Wag alles was du kanst/ kanst du nicht mehr! vergeh!
Dort seh ich beyde/ nein! doch ja! O werd zu preisen
Die einig sich getrew in vnserm Weh erweisen/
Die nun der Plitzen Grimm hat über vns gesigt
Noch suchen jhre Fraw die in den Banden ligt/
Was führt euch in den Hoff?
DEMETR. Der Will' euch frey zu machen.
SALO. Ihr sucht dem Wolff ein Lamb zu reissen auß dem Rachen
PROC. Der Reussen Abgesand' ist hirmit selbst bemüht
Vnd treibt das Werck vor sich. Wer vns in Persen siht/
Schätzt vns vor seine Leut'
SALO. Ach möcht es Gott beliben!
DEM. Printz Tamaras hat selbst der Königin geschriben

Salo. Habt jhr deß Fürsten Brif?

Dem. Ist denn kein Mittel nicht
Zu küssen jhre Faust? zu schauen jhr Gesicht?

Salo. Seid ihr deß Lebens müd?

Dem. Ha! könt ich besser sterben
Als in dem schönen Dienst?

Salo. Ihr sucht vns zu verderben
Vnd ringt nach eurer Grufft. Jedoch; was felt mir ein?
Die Thür ist sonder Wach/ folgt eilends mir herein.
Steht vns der Himmel bey. So weiß Er euch zu führen
Wo nicht: so wird die Trew doch vnser Grabmal zihren

Catharina.

Der SchauPlatz verändert sich in der Königin Zimmer.

Beherrscher diser Welt/ der vnser Tage zehlt
Vnd die/ die eh' als Erd vnd Himmel stund/ erwehlt
Durch Hohn vnd Schmertzen übt/ wie lange sol ich leiden?
Wenn heissest du die Seel' auß diesen Gliedern scheiden?
Die jmmer stetes Ach mit heisser Pein beschwert.
Die tausendfaches Leid durch lange Qual verzehrt.
Was hab ich von Kind auff vor Wehmuth nicht empfunden?
Was fühlt diß Hertze nicht vor allzeit frische Wunden?
Weil der betrübte Tag diß Angesicht bestralt!
Ist nicht mein Purpurkleid durchaus mit Blut gemalt!
Ihr die jhr Fürsten hoch vnd mehr denn Seelig schätzet!
Schau't an wie manche Noth das Schwerdt auff mich gewetzet:
Die Eltern rühr' ich nicht/ die ich schon da verlohr;
Als Alexander mich zu seiner Schnur erkohr.
Wer wündtschte mir nicht Glück als man auff dise Hare
Gurgistans Crone band/ als in noch zartem Jahre
Der Printz Georgiens mich an die Seiten nam/
Vnd seines Zepters Gold in dise Rechte kam;
Wer jauchtzte nicht als ich den Tamaras geboren
Der zu deß Reiches Schirm vnd Hoffnung schien erkoren?
Ihr Armen! schaut vns an: was vns der Himmel gibt;

Sind Mittel dadurch Er/ so bald Er zürnt/ betrübt.
Wie offt saß ich bethränt so bald mein Schwäher klagte/
Vnd sein abtrünnig Blutt vor Gottes Recht außtagte!
Wenn er die greisen Har von seinem Schädel riß
Vnd Seufftzer/ Fluch vnd Weh auff seinen Sohn außstiß
Wenn er das Licht verflucht das Constantin beschauet
Der mehr auff Persens Hoff denn Gottes Bund getrauet
Wenn er das letzte Kind mein werthes Ehgemahl
Als Balsam herber Wund' als Trost erhitzter Qual
Mit nassen Wangen küst'. Ach! diß ist nicht zu setzen/
Bey diser Plagen Heer die mein Gemütt verletzen!
Diß war ein Donnerschlag der durch die Seele ging/
Vnd mein getroffen Hertz mit lichter Glut vmbfing;
Als ich mein zartes Kind dem Abas schicken muste
Das wenig oder nichts von Gott vnd Eltern wuste.
Bald zog das Weter auff das mit geschwinder Macht
Auff meines Schwähers Haubt vnd Ehgemahl erkracht.
Mein Schwäher fil dahin durch seines Sohnes Wunden
Mein König hat den Tod ins Brudern Hand gefunden/
Der grimme Constantin (O rasend-toller Mutt!)
Hat mit deß Brudern Leich' vnd greisen Vaters Blutt
Sein Gast Pancket befleckt. Kan wol ein Mensch ersinnen
Mit was Gemütt ich Mann vnd Schwäher schauen können
Vom Schwager selbst entleibt? Wie sich mein Geist entsetzt/
Als dieses Tygerthir das mich so hoch verletzt/
Mir Bett' vnd Eh' anboth? Blutschänder! must ich hören:
Daß du deß Bruders Weib gedachtest zu entehren/
Noch warm von seinem Mord! als dises Leid verging;
Sah' ich den neuen Sturm der in den Lüfften hing/
Vnd gantz Georgien durch jnnenländsche Krige
In Flamme Rauch vnd Grauß vnd ungeheure Sige/
Zu stürtzen mächtig war. Biß der Tyranne kam
Vnd mich auß meinem Thron mit in den Kercker nam.
Was hab ich nicht gesehn! was hab ich nicht erlitten!
Was hab ich nicht beklagt! wie bin ich nicht bestritten!
Was hab ich nicht erlebt! vnd was erfahr ich noch!

Erlöser! Ach wie lang zih ich in disem Joch.
Wie fern von meinem Hoff! vnd weggeraubter Crone!
Vnd vmbgekehrten Reich! vnd dem verjagten Sohne!
Mein Kind! mein Tamaras! hat dich der Persen Schwerdt
Hat dich der grimme Brand Armeniens verzehrt!
Ist noch von Gurgistan ein Steinhauff vberblieben!
Ist wer den Abas nicht ins Elend hat vertrieben!
Ist jemand auff der Welt der meine Noth beklag!
Der/ ob ich lebend sey/ ob ich verschiden/ frag!
Ich weiß es selber nicht. Mein Leben ist beschlossen;
Doch schnaub ich in der Angst. Mein Blut ist nicht vergossen;
Doch bin ich mehr denn Tod/ die Erde deckt mich nicht;
Doch schleust deß Kerckers Nacht mein trübes Angesicht.

Salome. Catharina.

SALO. Wie werd ich solche Freud' jhr können recht anzeigen?
CATH. Von wannen Salome mit diesen Rosenzweigen?
SALO. Ich jrrte durch den Hoff als jhre Majestet
Auffopffert' vnserm Gott' jhr feuriges Gebet
Da fand ich ohngefähr die neuen Sommers Zeichen.
CATH. O Blumen welchen wir in Warheit zu vergleichen!
Die schleust den Knopff kaum auff/ die steht in voller Pracht
Beperl't mit frischem Taw. Die wirfft die welcke Tracht
Der bleichen Blätter weg. Die edlen Rosen leben[8]
So kurtze Zeit/ vnd sind mit Dornen doch vmbgeben.
Alsbald die Sonn' entsteht/ schmückt sie der Gärte Zelt;
Vnd wird in nichts verkehrt so bald die Sonne felt.
So küssen wir den Tag benetzt mit eignen Thränen.
Vnd schwinden/ wenn wir vns erst recht zu leben sehnen.
Schau wie die Röth' erblast/ so fahren wir davon
So fleucht die Lust der Welt/ so bricht der güldne Thron.
Nichts bleibt vns in der Faust als die nichts werthen Aeste/
Die Stachel/ dises Creutz/ die Angst/ die Seelen Peste/
Die kummervolle Sorg' vnd überhäufftes Leid/
Vnd das Gedächtnüß nur verschwundner Libligkeit.
So/ wie die Rose ligt/ must auch mein Zepter brechen/

Die Dornen fühl ich noch die vnauffhörlich stechen.
SALO. Doch/ wie wenn jtzt der Grimm der Winter sich gelegt/
Der harte Dornenstrauch erneute Rosen trägt;
So wird/ wenn nun der Sturm deß Jammers wird verschwinden
Auch jhre Majestet gewündtscht' erquickung finden.
CATH. Es wintert vns ja recht. Der Zweig erinnert mich
Der Bilder/ die ein Traum/ eh' als die Nacht entwich
In diesen Geist gedruckt. Vns kamen die Paläste
Die wir besessen vor. Gurgistans trotze Feste
War mit gewürcktem Gold auffs herrlichst' außgezirt/
Wir wurden auff den Thron (wie wol vorhin!) geführt.
SALO. Diß zeigt was frölichs an.
CATH. Als ich den Stul bestigen
Sah' ich in einem Nu die gantze Pracht verfligen/
Den Diamanten Glantz der auff dem Kleide spilt
In Perlen[9] gantz verkehrt. Vnd (wie mich dünckt.) ich fühlt
Daß die besteinte Cron die mich vor disem schmückte
Diß mein geängstet Haupt mehr als gewöhnlich drückte/
Biß mir das klare Blut von beyden Schläffen lif/
Vnd ich an statt der Cron nur Rosen-Aest ergriff/
Verdorrte Rosen-Aest/ die als ein Krantz gewunden
Fest vmb die Stirn gedruckt auf meinen Haren stunden.
Der Purpur riß entzwey/ der Zepter brach als Glaß/
Ich glaubte daß ich selbst auff scharffen Dornen saß/
Vil suchten mir vmbsonst mitleidend beyzuspringen;
Noch mehr hergegen mich in höchste Qual zu bringen;
Biß mich ein frembder Mann nicht ohne Pein anliff
Vnd als mit einem Sturm vmb beyde Brüst' ergriff.
Ich fiel gantz von mir selbst. Doch als die Furcht vergangen:
Fand ich mich Salome! O mit was Lust! vmbfangen.
Weit schöner als wenn ich in höchster Zirat ging/
Weit höher als da ich Gurgistans Cron empfing.
Mein weisses Kleid schaut ich von Diamanten schüttern
Chach Abas voll von Furcht vor disen Füssen zittern
Ein jeder rieff: Glück zu! der Die so groß gemacht
Biß das Geschrey den Schlaff vns auß den Augen bracht.

Salo. Wenn man bedachtsam wil das Elend überschlagen
Das jhre Majestet auch mit der Cron getragen/
Was sie biß noch versucht; ist nur der Traum zu war
Doch diß Gesichte macht die Hülff jhr offenbar/
Die Freyheit rufft vns heim! kan Salome sich zwingen
So unverhoffte Lust nicht eylends vorzubringen?
Fürst Tamaras.
Cath. Was ists?
Salo. Hat.
Cath. Was
Salo. sein Reich.
Cath. sag an.
Salo. Eröbert.
Cath. Tamaras?
Salo. Vnd sucht so viel Er kan
Cath. Mein Kind?
Salo. Diß feste Band/ das vns verstrickt/ zu brechen.
Cath. Mein Tamaras!
Salo. O GOtt! sie kan vor Lust nichts sprechen!
Sie zittert! sie bestirbt! Princessin!
Cath. Ach mein Sohn!
Salo. Auff meine Königin! dies ist die schöne Cron
Die jhr die Nacht gezeigt.
Cath. Nun acht ich keiner Schmertzen
Der Sturm der Angst vergeht! die Last von meinem Hertzen
Verfällt auff diese Stund! Ach/ Ketten/ Noth vnd Stein
Sind mir ein Kinderspiel/ mein Sohn! wenn dich allein
Der Blitz nicht hat berührt! mein Sohn nu du entgangen!
Mein Sohn! nu du regirst nun bin ich nicht Gefangen!
O Wanckelbare Freud! ich glaube was ich wil/
Vnd leider! sonder Grund!
Salo. Grunds mehr denn nur zu vil
Ein Gurgistanscher Fürst/ der nechst auß Reussen kommen
Hat mir diß selbst erzehlt.
Cath. Was er villeicht vernommen
Durch vngewiß Geschrey.

SALO. Ich hab ein sicher Pfand
Das sein erzehlung stärckt.
CATH. Vnd was?
SALO. Deß Printzen Hand.
Glaubt ihre Majestet was Tamaras geschrieben?
CATH. Wenn? wie? durch wehn? an vns.
SALO. was solt jhm mehr belieben
Als seiner Mutter Heil.
CATH. O Himmel kans geschehn!
SALO. Wil jhre Majestet Gesandten von jhm sehn?
CATH. Gesandten?
SALO. Die ich vor/ bey noch nicht hellem Morgen
In ein beschlossen Ort auff diese Burg verborgen.
CATH. Wie hast du sie erkennt? wie kamen sie zu dir?
SALO. Ich öffnete deß Nachts die hinter-Garten Thür.
Zwey Tage sinds daß sie mich ohngefehr erblicket;
Nun bin ich vnterweis't warumb sie außgeschicket.
CATH. Sind sie denn nicht entdeckt.
SALO. Sie leben vnerkand
Bey disem den der Czar[10] der Reussen nechst gesand.
CATH. O unverhoffter Fall! O frembder Lauff der Dinge!
SALO. Wil jhre Majestet daß ich sie vor sie bringe?
CATH. Wofern man heimlich kan.
SALO. Die Wach ist Sinnen loß.
Geschläft durch starcken Wein/ den ich auff Kräuter goß
Die die Gesandten mir gereicht zu disem Funde.
CATHA. Geh' hin. O höchster Fürst du schlägst vnd heilst die Wunde/
Du senckest vns in Pein/ doch beutest du die Hand
Wenn aller Menschen Rath vnd hoffen sich gewand.
Wolan! ich wil das Joch der Plagen
Daß du auff meinen Hals gelegt
Mit vnverzagtem Mutt' ertragen
Nach dem mein Weinen dich bewegt.
Nun du/ in dem ich hir verstricket
Mein Reich vnd Kind hast angeblicket.
Nu klag ich nicht was ich verlohren/

Weil du diß Pfand erhalten hast.
Mir ist als wenn ich Neu gebohren
Ich fühle keiner Kummer Last.
Ich wil diß Sorgen volle Leben
Für Reich vnd Sohn dir willig geben.

Catharina. Demetrius. Procopius.

DEMETR. Durchlauchtigste/ die je der Erden Kreiß geehret/
Der eure Tapfferkeit vor mit Bestürtzung höret;
Nu über der Geduld vnd Tugend sich entsetzt
Als vns der raue Feind durch eure Noth verletzt;
Verzeiht Georgien das euch so späth heist grüssen/
Das euer Bande sucht mit Thränen zubegiessen;
Verzeihet eurem Sohn der vnauffhörlich klagt
Vnd für sein eigen hält die Bürde die jhr tragt/
Verzeiht vns/ Königin/ daß nach so vielen Zeiten
Wir erst ankommen sind euch in den Thron zu leiten/
Den jhr vor vnser Heil verwechselt mit der Bar
Die mehr als in der Grufft/ zu mehr denn Todter Schar
Euch mit vil Schmertzen trug. Mit euch gewündtschte Sonne
Deß hart bestürmten Reichs/ verlohr sich Lust vnd Wonne!
Wie lang hat vns die Nacht der Dinstbarkeit erschreckt!
Wie offt ward vnser Land mit eignem Blut befleckt;
Nach eurem Vntergang! wie offt fil auff die Leichen
Der Mutter/ jhre Frucht? die Schwester must erbleichen
Ins Brudern kalten Arm/ der Strom floß gantz gefärbt
Von Edlen die das Schwerdt der Persen hat verderbt.
Doch hoffen wir nunmehr nu vns die Morgenröte/
Eur Tamaras besucht; daß auch der Tod sich tödte
Vnd eure Wiederkunfft/ verjag all vnser Leid/
Diß wündtscht Armenien/ vnd seufftzet nach der Zeit
Die euch vns geben wird. Wir haben ja begehret
Vorlängst schon eur Gesicht; der Himmel hats gewehret/
Der Feind schlug alles auß/ deß Persen trotze Macht
Hat was Gurgistan batt mit stoltzem Mutt verlacht.
Doch nun gibt Reussen selbst Georgien die Hände/

Vnd sucht in Abas Hoff deß langen Kummers Ende
In dessen Königin nemt dise Schreiben an/
Das Pfand nicht fälscher Trew/ das einig schicken kan
Eur nun gekrönter Sohn vnd Meurab der gebrochen
Was Tefflis hat geprest/ vnd eigne Schmach gerochen/
Der euren Tamaras auff disen Stul gesetzt
Auff welchem er ohn euch sich noch nicht König schätzt.

Cath. Der Sinn den vnser Reich biß jtzt noch zu vns träget/
Erleichtert dises Creutz das der vns auffgeleget
Der Cronen gibt vnd nimt. Wir haben diß vollbracht
Was eine Fürstin sol/ was eine Fraw in Macht
Vnd Mutter hat in Trew erbötig noch zu wagen:
(Da euch diß helffen mag) die Glieder die wir tragen/
Die Seele/ die sich noch in disen Brusten regt/
Das Blut das in vns wall't vnd durch die Adern schlägt.
Die Freyheit die man vns zu geben unterfangen
Ist ja der Menschen Lust vnd euserstes Verlangen/
Vnd wird von vns gesucht; doch/ wenn es dem gefält
Der vns in dise Band' vns zu bewehren stelt.
Da aller Printzen Printz vns willens zu entbinden;
Vmbfangen wir sein Heil. Sol vns der Tod hir finden/
Der Tod/ der stündlich vns durch lange Marter plagt/
Vnd vor dem Sterben kränckt; hir sind wir/ seine Magd.
Es ist vns schon genung daß wir von euch vernommen
Daß vnser Reich in Ruh; vnd der ins Reich einkommen
Den diser Leib gebahr. Dem wündtschen wir Verstand/
Vnd besser Glück als vns/ vnd Heil dem Vaterland.

Dem. Der Gurgistan so hoch nach so viel Angst erquicket/
Wird auch das werthe Pfand nach dem wir außgeschicket/
Nicht Ewig lassen stehn in frembder Tyranney.

Cath. Diß was Er wil gescheh! wie ward Gurgistan frey
Vnd Tamaras erlöst?

Dem. Wenn Gottes Grimm wil straffen;
Gebraucht Er frembde Weg' vnd vnverseh'ne Waffen.
Wem ist die herbe Zeit (O Jammer!) nicht bekant
Da Abas wider vns in tollem Zorn entbrand

So starck zu Felde zog. Da er nach falschen Schwüren
Liß jhre Majestet in disen Kercker führen!
Wie er den Tamaras verfolgt in seiner Flucht/
Vnd nach vil Brand vnd Mord bey Alovassa sucht?

CATH. Vns leider nur zu vil.

DEM. Doch als er nicht zu finden
Hiß er in heissem Zorn Printz Alovassa binden/
Vnd Meurabs hoher Geist deß Fürsten rechte Hand;
Wurd mit Gemahl vnd Kind nach Schiras zugesand.

CATH. Weh mir! da Alovas durch schwartze Gifft vmbkommen!
Da Meurab hat den Wahn der Persen angenommen!
Da Meurabs Fraw von Chach in Meurabs Angesicht
So freventlich entehrt! O blitzt der Himmel nicht!
Da Meurabs zarter Sohn vnd Tochter diß erlitten
Was angeborne Recht' auch stummen Vieh verbitten!
Vnd Meurab schaut es an!

DEM. vnd sparte sich der Zeit
Die eh der Jahre Rest stürtzt in die Sterbligkeit/
Ihm nach getrotzter Angst das Rach-Schwerdt solt anbitten/
Welch auch nicht aussenblib/ Chach ward nach langem Wütten
Durch Meurabs steten Dinst so in den Schlaff gewigt
Daß der betrübte Mann Platz sich zu rächen krigt.
Eh' er vnd jmand meint'. Als der Tyrann gesonnen
Diß was die harte Macht deß blossen Schwerdts gewonnen/
Zu halten durch Gewalt; sprach er den Meurab an;
Nun hoffe diß von vns was jmand wündtschen kan!
Wir haben deinen Stand zu steigern vns verbunden:
Itzt lösen wir die Wort. Es hat sich Zeit gefunden
Die der bestürtzten Welt sol darthun in der That/
Wie glücklich der; der steh't vnd bau't auff Abas Rath.
Fünffhundert Fürsten sind auff vnser Wort erschinen.
Bereit mit Schwerdt vnd Volck vnd Leichen vns zu dinen.
Die Läger stehn gefüllt mit Helden Roß vnd Vih
Biß Feldherr für vns selbst/ vnd Haubtmann über Si/
Wer sonder dein Gebot wird eine Faust erheben;
Den straff ohn' alle Gunst ohn Ansehn an dem Leben.

Mit kurtzem; nim den Stab/ das Reich steh' vnter dir
Du einig vnter vns.

CATH. Hilff Gott was hören wir!

DEM. Du wirst vns/ fuhr er fort/ noch mehr vnd mehr verbinden/
Wenn wir zu einem Stück an jtzt dich willig finden;
Dem welchem wir die Cron Georgiens vertraut
Gebührt auch vnser Kind' als längst verlobte Braut.

CATH. Wen hatte der Tyrann auff vnsern Thron gesetzet?

PROC. Ein abgefallner Mann auß weitem Blut geschätzet
Deß Fürsten Alovas/ erhilt zwey Königreich.

DEM. Zeuch denn/ sprach Abas/ hin/ vnd wohn in Macht vns gleich
Der Tochter Heyrath bey. Nach dem heiß alles binden
Was noch von Christen ist in Gurgistan zu finden.
Weib/ Jungfern/ Mann vnd Kind/ die Mutter mit dem Sohn/
Entblöst biß auff den Fuß/ vnd führ' in diesem Hohn
Die nackte Schar vns zu. So bald diß ausgerichtet/
Sol man was noch alhir den wahren Gott vernichtet
Vnd auff den Christus pocht/ in eben gleicher Pracht
Vns lifern auff die Burg/ weil einmal wir bedacht
Den Greuel abzuthun vnd disen Trotz zu brechen
Der in der Blüthe steht. Man sol von Rache sprechen
Weil vnser Nahme lebt. Wer nicht das Creutz abschwert
Der werde von der Glut in Leich' vnd Staub verkehrt.
Cath. Hat Meurab den Befehl zu vollzihn sich verbunden?
Dem. Der König hat jhn stracks mehr denn bereit gefunden.
Ihm schwur der Fürsten Schar/ jhm ward der Stab gewehrt
Er ward mit höchster Pracht Feld-Oberster erklärt.
Doch Abas gab jhm zu Zwey welchen er verholen
Den Meurab vnversehns zu tödten anbefohlen.

CATH. So ehrt Chach die jhm trew!

DEM. Als vns der Ruff entdeckt
Deß Meurabs Wiederkunfft; ward jderman erschreckt
Durch so gehäuffte Macht. Doch liß nicht einer mercken
Die jnner' Hertzens Angst. Vil schöpfften auß den Wercken
Die er vorhin bey vns mit höchstem Ruhm verricht
Was Hoffnung in der Furcht/ vil trauten ferner nicht

Dem der Gott vntrew wurd! alsbald er angenommen
Von vns die auff der Gräntz jhm starck entgegen kommen;
Erneuert er die Gunst die er vorhin erwarb
Eh sein berühmtes Lob durch schnöden Abfal starb.
Man hört' jhn überlaut bey Seel vnd Eyd versprechen
Er wolte seinem Land vnd vns das Joch ab-brechen
Vnd schützen Sitt' vnd Recht. Er schwur vns; daß sein Heer
Der Braut zu Ruhm/ dem Reich zu Nutz' ankommen wär/
Daß auß der Heyrath würd' ein stetes Wolergehen
Vnd jmmer süsse Lust vnd steiffer Fried entstehen/
Daß jedem er vor sich/ vnd allen in gemein/
Wo möglich in der That gewogen wolte sein.
Diß waren Meurabs Wort'. Ach! aber seine Fürsten
Erwisen allzufrüh' wie die nach Blutte dürsten/
Die Abas je erzog. In wenig Zeit verfiel
Deß Adels schönste Blum/ durch frembde Trauerspill/
Man schaute nichts als Mord/ als Jammer Weh vnd Thränen/
Als Leichen/ Kercker/ Beil'/ als hochbestürtzte Sehnen/
Die Noth wuchs schon so hoch als sie nie kommen war/
Mit kurtzem; vnser Land stund gleichsam auff der Bar.
Als Meurab vnser Ach vnd heisses Leid erblicket;
Wurd endlich auff sein Wort der eine Fürst beschicket/
Der vns das blosse Schwerdt an Hertz vnd Halse setzt.
Welch Rasen/ rif er/ hat auffs Land-Volck dich verhetzt?
Warumb siht man dich stets unschuldig Blut vergissen?
Warumb wird mein Befehl getreten mit den Füssen?
Ist diß was man mir schwur? was euch der König hiß?
Als er sein gantzes Heer mir in den Händen liß?
Verkent man meine Macht? hört man mit tauben Ohren?
Bist du villeicht für mich Feld-Oberster erkohren?
Führ ich den Stab vmbsonst? nein warlich! man sol sehn/
Wer Meurab vnd wer du. Ist was von mir geschehn
(Fill ihm der Mörder ein) so hat mir's Chach befohlen/
Vnd ist kein Laster nicht. Ich wil mich Raths erholen/
Sprach Meurab/ wo dir Chach die grause That gebot
So thust du nicht als wol/ wo nicht; so bist du todt.

In dem erweckte Zorn vnd Argwohn sein Gemüte
Sein munterer Verstand durchschaut die falsche Güte
Die Abas jhm erzeigt/ auch hat er selbst gefühlt
Wie der Tyrann mit List vnd stetem Meineyd[11] spilt.
Sein Hertze stalt' jhm vor/ die zwey Verräthers Schreiben/
Krafft der er Fürst durch Fürst so Ehrloß wolt entleiben/
Er forschte klüglich nach biß er so viel befand;
Daß man den Bogen schon auff seine Brust gespant/
Alsbald er überlegt wie die Gefahr zu wenden
Liß er durchs gantze Land geschwinde Post aussenden/
Vnd fordert vns zu Hauff'/ als ob er von dem Sold
Der Völcker/ von dem Zoll vnd angelegtem Gold
Deß Königs handeln wolt'; als aber wir erschinen
Erkohr er vnversehns die tüchtig jhm zu dinen/
Die nahes Blut/ die Gunst/ die Ehre binden kan/
Vnd sprach sie unverzagt mit solchen Worten an:
Ihr/ die jhr euer Land mit mir schaut gantz verheeren/
Die jhr mit Angst vnd Ach vnd jammerreichen Zehren
Altar vnd Herd beweint/ vnd vnaußsprechlich klagt
Ob der gehäufften Last/ die eure Seele nagt!
Glaubt/ daß ich eure Qual nicht vnbewegt ansehe/
Daß ich mit euch das Joch an dem jhr ziht/ verschmehe/
Die Geissel streicht mich auch die eure Glider schmeist/
Was euer Hertz antast/ ist diß was meines beist/
Schätzt mich für euren Feind! man mag mich Feind ja nennen
Weil ich die Flamm' ansteck' in der jhr must verbrennen/
Weil der Tyrann mich ehrt. Doch (trotz macht Zwang vnd List!)
Mein Kleid siht Persisch auß/ im Hertzen steckt ein Christ.
Diß Land hat mich wie euch in seiner Schoß ernähret/
Ich habe/ weil ich frey hir meine Zeit verzehret/
Hir wil ich (Himmel hilff!) die nunmehr grauen Har
Frey/ vnd nicht Knecht vertrau'n der freyen Todtenbar.
Habt jhr noch so vil Muts mit mir ein Schwerdt zu zücken;
So wollen wir diß Land Chach auß den Fäusten rücken.
Wo aber langer Dinst euch gantz zu Weibern macht;
So last mich hir allein. Ich geb euch gutte Nacht.

Die Thränen nützen nichts. Wofern jhr die beklaget
Die nächst mein Volck erwürgt; so glaubt was der euch saget
Der Freyheit oder Tod/ Heil oder Ende sucht/
Sie wusten nicht was Angst. Die Stunde sey verflucht
In welcher der Tyrann außdrücklich mir befohlen
Euch selbst mit Weib vnd Kind nach Ispahan[12] zu holen
Gebunden paar an paar/ Nackt/ Elend/ durch das Land
Geschleifft/ Verspeyt/ Verlacht. Da er durch Pfahl vnd Brand
Zu tödten sich erklärt die Christum zu verlassen
Auch dise Schmach nicht zwingt. Das Heer das eure Gassen
Mit Stahl vnd Schild besetzt/ ist zu dem Werck erwehlt.
Doch der/ der alle Har' auff vnsern Köpffen zehlt
Entzünde seinen Blitz auff Meurabs schwache Glider;
Da er sein Vaterland/ vnd euch gelibte Brüder
So schrecklich handeln kan. Eur Heil vnd Leben blüht;
Wo einer jhm die Faust zu bitten sich bemüht.

Cath. Wie fand er euch gesinnt?

Dem. Bestürtzt/ doch keck zu wagen
Mit jhm Gut/ Leib/ vnd Blut/ wir batten vorzuschlagen
Was er vor rathsam hilt'. Hir gilt kein langer Rath
Sprach Meurab/ was wir thun/ lobt die verrichte That.
Die Fürsten werden sich auff ein Pancket einstellen/
Eh' als die Sonne sinckt. Wenn sie der Trunck wird fällen;
Ist diser Dolch gewetzt durch jhre Brust zu gehn.
Bleibt/ wie jhr mögt/ vertheilt/ doch an der Brücken stehn.
Alsbald ich disen Bund euch durch ein Fenster zeige;
Setzt auff die Scharwach an/ wir wollen Stamm vnd Zweige
Vnd Wurtzel reuten auß/ daß von der Tyranney
Kaum ein Gedächtnüß mehr hir anzutreffen sey.
Das Heer das durch die Stadt/ das durch das Reich zustreuet
Ist/ wenn die Häupter weg/ ein Drache der noch dreuet
Wenn jhm der Kopff zuknickt/ den leicht ein schlechter Man
Zerstücken vnd ein Kind mit Füssen tretten kan.

Cath. Wie lief der Anschlag ab?

Demetr. Nach Wundtsch vnd vber hoffen.
Der vnser Blut vergoß; ist in dem Blut ersoffen.

Der Rach erhitzter Grimm hat als die Flamme pflegt/
Auß gantz Iberien das Vnkraut außgefegt.
Fürst Meurab blind von Haß/ getrotzt durch so vil leiden/
Liß der entleibten Schar die bleichen Köpff' abschneiden/
Vnd als der Haupter Rey/ die ihn so hoch verletzt/
Zu einem Schaugericht auff seinen Tisch gesetzt;
Nam er schir ausser sich den dargereichten Becher
Vnd schrie; diß ist der Kelch/ den ich/ der meinen Rächer/
Nu nicht mehr Sclav erwisch! O mein geprest Gemahl!
O! mein geschändet Kind! Ihr die die lange Qual
Mit Thränen haft getränckt! jhr die in Angst verschmachtet
Vnd in der Erden fault! Ihr die nicht werdt geachtet
Der vnverdeckten Grufft/ mein König Alovas/
Gefangne Königin! verjagter Tamaras
Mein Vaterland es gilt! so muß' euch Ruh erquicken
Vnd Lust nach höchstem Ach! als mich die Schmertzen drücken/
Die jhr gefühlt vnd fühlt. So werd' euch/ wo ja Gott
Noch zu Gerichte sitzt/ der gar zu leichte Tod
Zum Anfang neuer Pein/ zum Vrsprung steter Plagen
Zu welchen Rach vnd Ach verdammte Geister tagen/
Euch Pesten diser Zeit/ euch/ die der Tag verflucht!
Euch die die Welt anspeyt! euch die die Straffe sucht
Auch nun jhr sonder Geist! als ich mit disem Weine
Euch Schand' vnd Hohn zutrinck'. Erscheine Recht! erscheine!
Vnd kehre wie du solst auch deß Tyrannen Hauß/
Vnd Stam vnd Cron in Staub in Rauch in Asch vnd Graus.
CATH. So sind durch Meurabs Schwerdt die Persen gar vmbkommen!
DEM. Ohn dise die die Flucht in höchster Eil genommen.
Zwey die bey kühlem Mutt in Gurgistan bestrickt/
Hat er mit einem Brieff an Abas heimgeschickt/
In dem er seine Wercke' jhm für die Augen mahlte/
Die Vntrew damit er die treuen Dinste zahlte/
List/ Grimm/ Verrätherey/ Trug/ Meineyd/ Trotz vnd Gifft/
Die Mörde so von jhm begangen als gestifft
Das ungerechte Recht/ die duppel-falsche Zungen
Die Sinnen/ die durchauß nach eigen Nutz gerungen.

Den Greuel damit er sein Weib vnd Kind betrübt;
Als er ins Vatern Aug' unmenschlich hat verübt
Was man nicht nennen darff. Mein Christus wird dich stürtzen
Er wird dein Regiment vnd deine Tage kürtzen.
Er den kein König pocht. Er führt durch mich sein Recht/
Vnd deine Straffen auß/ durch mich der vor dein Knecht
Nun deine Geissel bin; die vmb dein Blutvergissen
Dich ewig quälen muß. Die graue Zeit sol schlissen
Gelehrt durch deinen Fall/ daß (ob es spät gescheh!)
Gott doch Tyrannen nicht stets durch die Finger seh!

CATH. Hat nicht der grimme Fürst so raue Schrifft gerochen?

DEM. Sein Zorn ist gegen vns bißher nicht außgebrochen/
Wie hoch auch der Verlust der Völcker jhn bewegt;
Weil Meurab jhm mehr Werck zu spinnen angelegt.
Alsbald das Land befreyt von fremder Herren Wütten/
Liß er dem Tamaras durch schnelle Post entbitten
Was jhm zu wissen noth/ vnd fordert auß der Flucht
Ihn in sein Königreich. Zwar erstlich sonder Frucht;
Weil der verjagte Fürst sich vor Betrug entsetzte/
Vnd durch vil Angst gewarnt nicht gar zu sicher schätzte/
Was vns kaum glaublich schin. Doch öffter heim gerufft
Begab er sich zurück/ vnd suchte freye Lufft
In seinem Vaterland/ in welchem er empfangen
Mit freuden voller Lust nach euserstem Verlangen
Da Meurab vnd sein Volck jhn auff dem Thron geehrt/
Der von Natur vnd Recht nur jhm/ nechst euch gehört.
Bald wolt er nach Bizantz mit Meurab sich erheben/
Weil Oßman selbst versprach jhm starcken Schutz zu geben/
Vnd Meurab/ dem durchauß der Persen Statt bekänt
In seine Dinste nam vnd Oberhaubtman nent
Der nu sigreichen Macht/ die an deß Tygers Strande
Mit blossem Sebel herrscht/ vnd nur mit Blut vnd Brande/
Die schnellen Züg' auffmerckt/ in dem Gurgistan blüht/
Vnd seinen Tamaras in höchster würde siht/
Der stündlich nach euch seufftzt. Vmbsonst. Chach schlägt die
Gaben

Vnd höchste bitten aus! Chach wegert was wir haben
So starck so offt gesucht! doch Reussen springt vns bey
Vnd wil auff disen Tag euch langer Schmertzen frey/
Vnd vngekerckert sehn.

Salome. Catharina. Demetrius. Procopius.

SALO. O Himmel! stracks von hir.
Verbergt euch. steht jhr? laufft/ entgeht! entweicht mit mir!
CATH. Welch Vnfall stöst vns an?
SAL. der König ist vorhanden
CATH. Der Feind von meiner Ehr' vnd Marter in den Banden
O Zeugen vnsers Kampffs fort hinter die Tapet.
O Donner! der auff vns nach kurtzer Lust abgeht!

Chach Abas. Catharina.

CHACH. Hir finden wir die Sonn' es mag der Himmel prangen
Mit seiner Flammen Glantz! wie! mit bethränten Wangen?
Welch trüber Nebel deckt diß libliche Gesicht?
Was dreu't der Seufftzer Wind? es müsse dises Licht
Princessin jhr vnd vns so angenehm erscheinen
Als dises Hertze wündtscht. Sie stell' ihr herbes Weinen
Vnd langes klagen ein vnd gebe dem Gehör/
Der so vil Jahre sucht die Hoheit ihrer Ehr.
CATH. Höchst-Mächtigster Monarch/ es müß jhm selbst begegnen
Was groß vnd herrlich ist.
CHACH. Sie kan vns einig segnen.
Was vns ergetzen kan steht nur in jhrer Macht/
CATH. Ohnmächtig ist die Macht/ die in dem Kercker schmacht.
CHACH. Sie herrscht in vnser Burg/ der Kercker steht jhr offen.
Sie hat vns selbst verstrickt. Die Freyheit die wir hoffen
Beut jhr den Zepter an/ vnd was ein Fürst vermag/
Der vil mehr Länder zehlt als abgelebter Tag'/
Wil sie gantz Persen schaun gebeugt für jhre Füsse?
Wil sie das Ispahan sie vnterthänigst grüsse?
Wil sie?
CATH. Wir achten vns nicht diser Ehren werth.

Chach. O Wort! das vnsern Geist biß auff den Tod verhert!
Warumb hat die Natur die nichts an jhr vergessen/
Die ohne Maß jhr Zir' vnd Schönheit zugemessen/
Vnd Schönheit durch Verstand/ Verstand durch Ruhm geschmückt;
Ihr nur mitleydend seyn/ ins Hertze nicht gedrückt?
Doch es ist eben diß Princessin was vns bindet;
Ein Schatz zu welchem man ohn' Arbeit zugang findet
Kan nicht so trefflich seyn! Ach! aber die zu vil
Versagt/ gib an den Tag daß sie nicht Menschen wil
Vnd selbst ein Vnmensch wird. Wozu wird diß gegeben
Was vns die Zeit verehrt; wenn wir/ in dem wir Leben
Nicht brauchen das man sol.
Cath. Wir kennen disen Ruhm
Der Schönheit nicht in vns. Der zarten Jahre Blum
Ist leider! durch die Hitz' ergrimmter Angst verschwunden.
Im Mittag hat vns Nacht vnd Finsternuß gefunden/
Chach. Sagt eine Wolck' in der sie angenehmer scheint.
Ein Sturm führt in den Port offt eher als man meint.
Cath. Vnd schlägt den schwachen Kahn an ungeheure Klippen/
Chach. Man schwam ans Land/ ging gleich das Wasser an die Lippen
Cath. Diß Schif ist durch den Sturm zuscheittert auff der Flut
Chach. Der Schipper fast/ ob gleich der Mast zusprungen/ Mutt.
Cath. Der Tod wird vns den Port bald/ wie wir wündtschen zeigen/
Chach. Sie soll der Persen Thron/ wie wir gewündtscht/ besteigen.
Cath. Wir lassen nach dem Glück ein ander Hertze stehn/
Chach. Das Glück kan kein' jhr gleich/ wie sie verdint/ erhöhn.
Cath. Diß weite Reich gibt jhm vil schöner Angesichte.
Chach. Sie vnsre Sonne macht die Sternen gantz zu nichte.
Cath. Libt jhre Majestet denn nur der Glider Pracht?
Chach. Noch mehr die hohe Zucht die sie vnsterblich macht.
Cath. Wil sie denn daß wir diß/ was sie so libt/ verliren?
Chach. Wir suchen diß noch mehr was vns ergetzt zu ziren.
Cath. Ach! das heist nicht gezirt wenn keusche Zucht geschändt!
Chach. Glaubt man daß nicht die Zucht werd' in der Eh' erkänt?
Cath. Ist jhre Majestet mit andern nicht vermählet?
Chach. Die wir für jhre Mägd' O Göttin/ außerwehlet!

Cath. Der Christen Recht verknüpfft nur Zwey durch dises Band.
Chach. Der Persen Recht gilt mehr. Wir sind in jhrem Land!
Cath. Noch mehr deß Höchsten Recht! wir stehn auff seiner Erden.
Chach. Was Abas schafft muß Recht/ dafern es Vnrecht/ werden.
Cath. Er schafft der Libe nicht die keinen Herren kent.
Chach. Wir geben über vns jhr völlig Regiment.
Cath. Sie lest sich durch Vernunfft auff rechte Wege lencken.
Chach. Die herrscht in dem/ der sie durchauß nicht sucht zu kräncken.
Die Libe steckt diß Hertz mit heissen Flammen an/
Der matte Geist verschmacht! wer ist der retten kan?
Wenn sie nicht Mittel schafft? man sucht sie zu bewegen
Durch was man hat vnd kan. Was man jhr vor kan legen
Schlägt sie hochmüttig auß/ vnd hört mit taubem Ohr
Diß lange Seufftzen an. Die Thränen brechen vor;
Sie würdig't nicht einmal den Jammer anzusehen
Den sie in vns erweckt/ wir lassen es geschehen
Vnd suchen nur durch Zeit vnd Langmut vnd Geduld
Zu finden disen Schatz der vnverfälschten Huld/
Da vns doch mehr denn frey durch Macht jhr abzudringen;
Was sie durchauß versagt. Sie weiß; wir können zwingen
Doch nein! wir wollen nicht/ wo nicht der harte Geist
Vnd die entbrandte Glut vns endlich dahin reist
Wohin wir lieber gehn.
Cath. Wir können gantz nicht glauben
Daß jhre Majestet woll' vnser Ehre rauben.
Solt' Abas gegen der/ die er Gefangen hält/
Die in dem Kercker seufftzt die jhm zu Fusse fält/
Verüben solche That? vnd die sich nicht kan wehren
Als mit betrübtem Ach vnd jammerreichen Zehren/
Auch nach deß Reichs Verlust berauben jhrer Ehr?
Nein sicher! Abas libt sein hohes Lob zu sehr!
Wir wissen wo wir sind! wir sind! wir sind gefangen.
Doch vnser Geist ist frey/ die Jahre sind vergangen
In welchen wir geherrscht; doch steht die Tugend fest/
Die sich kein strenges Joch der Laster zwingen läst.
Wir dinen; unbefleckt! wir leiden; sonder Schande!

Wir tragen sonder Schmach! die Keuschheit lacht der Bande.
Gönnt vns nun alles hin/ diß einig Eigenthum;
Den unversehrten Muth den vnbefleckten Ruhm.
CHACH. Zwingt vns nicht diß zu thun was vns die Lib einbindet.
CATH. Der ist der höchste Fürst der selbst sich vberwindet.
CHACH. Wol. vberwindet euch/ vnd den gefasten Wahn.
CATH. Den Lust vnd Zwang vmbsonst bekämpfft auff einer Bahn.
CHACH. Chach wird mit Lust vnd Zwang gerüst zu Felde zihen/
CATH. Vns beut der Tod die Faust wenn man nicht kan entflihen.
CHACH. Die nach dem Tode siht entsetzt sich wenn er rufft.
CATH. Nicht dise/ die entsatz sucht in der Todten-Grufft.
CHACH. Wie? Messer vber vns?
CATH. Nein. vber dise Brüste.
CHACH. Zäumt euren tollen Grimm.
CATH. Zäumt eure böse Lüste.
CHACH. Wir haben vor den Trotz wol Mittel an der Hand.
CATH. Braucht Flamme/ Pfahl vnd Stahl.
CHACH. man bricht wol Diamant:

Reye der Gefangenen Jungfrauen.

CHOR.
Die erhitzte Wetterflamme
Die dich Gurgistan verzehrt/
Die dich mit Laub/ Ast vnd Stamme
In vmbschwermend' Aschen kehrt/
Wil sich/ leider! noch nicht legen
Ob gleich alles kracht vnd schmaucht!
Vnd zusprengt von Donnerschlägen
Durch die Lüffte stäubt vnd raucht.
Ob man gleich die lichten Brände
Leschte mit vermischtem Blut/
Da die vmbgestürtzten Wände
Zischten in der Purpur Flut/
Vnd die halb verfaulten Leichen
Auß zustörten Grüfften riß

Ja was plötzlich must erbleichen
In der Mutter Antlitz schmiß;
Doch scheints als ob Gottes Rache
Noch ob vnsern Hälsen wache.

Gegen Chor.

Wir von Eltern vnd Bekandten
Wir von Rath vnd Trost entblöst
Lissen Blut- vnd Bund-Verwandten
Auff der Häuser Brand gestöst.
Ach! man riß vns durch Gebeine
Glider/ Cörper/ Graus vnd Stanck.
Vnd zu stückte Marmelsteine/
Fessel/ Spisse/ Trotz vnd Zwang/
Zwischen angepfählten Leichen
In der rauhen Parthen Land/
Da wir Rosen gleich erbleichen
Durch der Sonnen Glut verbrand.
Da Princessin aller Frauen
(Ob du gleich vor Wehmut stürbst.)
Doch durch dein auff Gott-vertrauen
Dir die Ehren-Cron erwürbst.
Die (trotz Chach vnd Tod!) dich schmücket/
Die dir keine Macht entrücket.

Chor vnd Gegen Chor.

Ein Gott verlobter Geist verleurt nichts wenn die Welt
Gleich vber Hauffen fält!
Er hat sein Reich in sich vnd herrschet wenn die Crone
Von dem besteinten Har gerissen
Er sitzt auff vnbewegtem Throne
Wenn aller Printzen Stül' in grauen Staub geschmissen.
Es wird durch diß was Menschen schrecket;
Sein vnverzagter Mutt entdecket/
Gleich einer Ceder die von tollem Nord bekriget
Mit Felsen-festen Stamme sieget

Was die Hellsche Grufft auffschickt/
Auff ein Himmlisch Hertz;
Ist (wie schwer es ander drückt.)
Ihm/ ein spielend Schertz!

Die Andre Abhandlung

Chach Abas. Seinelcan.
Der SchauPlatz verändert sich in das Königl. Gemach.

CHACH. So liß der Reusse sich auffs letzte noch bewegen?
SEIN. Nicht sonder Muh! jedoch weil man das Schwerdt zu legen
Kein ander Mittel fand; gab er diß Stück vns zu.
Vnd so erlangen wir von diser Seiten Ruh.
CHACH. An einer Seiten Ruh! Ach Ruhe! wenn wir krigen!
Wenn wir besprungen Tag vnd Nacht zu Felde ligen.
SEIN. Der eine Feind beut vns numehr als Freund die Hand/
Nu fält die gantze Macht die wir vor dem getrant
Auff den der vns noch dreut. Der/ welchen Zwey nicht zwingen/
Läst jhm von einem nicht den werthen Sig abdringen.
Bißher griff man getheilt der Türcken Lager an.
Nun fecht der gantze Perß.
CHACH. Wo er nicht sigen kan.
SEIN. Wie? hofft der keinen Sig vor dem die Welt erzittert?
Auff dessen Wort der Grund der Erden sich erschüttert?
Vor dem der Feinde Macht vnd Anschlag stets gefehlt!
Der mehr Triumph/ als Jahr/ als Tag' als Stunden zehlt?
CHACH. Vnd numehr vnterligt.
SEIN. Wer wird die hohen Sinnen
Den vnerschöpfften Mutt die Tugend binden können
Die in dem Hertzen lebt?
CHACH. gelebt! vnd nu nicht mehr
Sie schmachtet. Sie vergeht/ sie stirbt.
SEINEL. Was greifft der Ehr
Der grossen Seelen ein?
CHACH. Diß was kein Schwerdt wird dämpffen
SEIN. Kan Osman wider vns mit einem Vortheil kämpffen?

CHACH. Ach leider! du verstehst die Hertzens Wunde nicht.
Meint man das Osman vns die starcken Kräffte bricht?
Diß Kind dem wir gewohnt obsiegend zugebitten?
Dem wir sein Land mit Asch vnd Pfeilen überschütten?
Daß vnter disem Fuß sol schwer von Ketten stehn?
Vnd noch den sauren Gang deß Bajazeten[13] gehn.
Nein! Osman! nein! gejrrt! Es sind weit schärffer Klauen/
Die vns durch dise Brust biß in das Hertz gehauen/
Es ist ein ander Feind der dise Seele plagt;
Der disen Leib zerfleischt vnd an den Glidern nagt;
SEIN. Es sind/ wie ich versteh/ die Königlichen Sorgen.
CHACH. Ists möglich daß dir noch sey vnser Leid verborgen?
SEIN. Ein grosses Hertz' erschrickt nicht über grosser Last.
CHACH. Vns hat ein höher Schmertz die Glider angefast/
SEIN. Find't jhre Majestet mit Kranckheit sich beschweret?
CHACH. Ein jnnerlicher Brand hat vnser Marck verzehret.
SEIN. Schafft dem kein Artzt nicht Rath?
CHACH. Der Artzt sucht vnsern Tod
Er schertzt mit vnser Angst/ er lacht in vnser Noth.
SEIN. Solt' einer diß zu thun sich dörffen vnterstehen?
CHACH. Du sihst wir müssen nur in höchstem Ach vergehen!
SEIN. Man suche disen Brand zu dämpffen durch sein Blut
Vnd mehrer Aertzte fleiß.
CHACH. Kein ander lescht die Glut.
Die Hand die vns verletzt weiß einig rath zu finden/
Die vns die Wunde schlug kan einig vns verbinden.
SEIN. Wehm hat deß Himmels schluß so grosse Macht verlihn
CHACH. Die mir an Himmels statt/ der Fürstin Catharin.
Holdseeligste Feindin! vnüberwundne Schöne!
Haubt das verdint daß Phrat[14] vnd Rha vnd Tyger kröne!
Gefangne die vns fing! die vns in Ketten schlegt!
Anmuttig wenn sie weint! frisch wenn jhr Grimm sich regt!
Vnd für jhr Ehre steht. Die nicht zu überbitten
Durch den der alles zwingt! die auff kein grimmes Wütten
Deß rauhen Eyfers gibt. Wir haben zwar dein Land
Doch du hast vnser Hertz/ Rach über Rach! verbrand!

Princessin wir gestehns'. Du hast vns vor bekriget!
Doch hat dein Auge mehr als deine Faust gesiget.
Doch als dein hoher Geist sich in die Worte fand;
Verging Chach Abas gantz. Es mangelt' vns Verstand
Es fehlt vns an Vernunfft/ noch fehlt es vns an Kräfften
Die mächtig deine Seel' an vnsern Geist zu häfften/
Vns steht das grosse Reich auff wincken zu gebott/
Wir selbst stehn dir zu Dinst/ vnd finden nichts denn Spott.
SEIN. O Persens heisse Pest! ist diß was Abas drücket?
Warumb das Vnthir nicht stracks von der Welt gerücket?
CHACH. O Blinder! du verstehst nicht was die Liebe kan!
Kom her bethörter Mensch; schaw deinen Fürsten an!
Gib acht auff sein Gesicht/ auff sein stets-heisses sehnen/
Auff den erblasten Mund/ vnd jmmer neue Thränen/
Auff den der Chaldar[15] offt mit Flam vnd Schwerdt gedreut/
Der keiner Feinde Grimm/ ja nicht den Tod gescheut/
Der wo der Tag entsteht vnd weicht/ die Welt gezwungen/
Der gegen Sud vnd Nord die Waffen fort gedrungen/
Vnd auff der Völcker Kopff mit stoltzen Füssen sprang!
Den hält die strenge Macht der stoltzen Lib' im zwang.
SEIN. Ists möglich das diß Weib/ die nur der Persen schaden/
Die so erhitzt gesucht in vnserm Blut zu baden/
Die mit den Feinden spilt/ vnd feindlich vns verletzt/
Die sich dem Siger selbst hochmüttig widersetzt/
Die voll von Aberwitz ein Creutz pflegt anzubeten
Die nur nicht werth/ mein Fürst/ für sein Gesicht zu tretten;
Sey Vrsach diser Pein?
CHACH. Wie? darfst du für vns schmehn/
Die dein geborner Fürst mit Lust pflegt anzusehn?
Vnd mit entsetzung ehrt? darff sich ein Knecht vermessen
Zu lästern was vns lib? hast du so bald vergessen
Wer Abas sey vnd du. Kom aber zeig vns an
Ob du ein Weib gesehn daß man jhr gleichen kan?
SEIN. Mein Fürst/ ich geb es nach daß keine sey zu finden
An Schönheit/ an Verstand.
CHACH. an Kunst zu überwinden.

Sein. An Tugend.
Chach. Vnd an Zucht.
Sein. An Herrligkeit.
Chach. An Ruhm
Sein. Die nicht/ weit vnter jhr.
Chach. O aller Blumen Blum!
Chach. Welch Alabaster kan der Stirnen Schnee erreichen?
Sein. Die zarte Lilie muß den edlen Wangen weichen.
Chach. Der Nasen Helffenbein.
Sein. Die Lippen von Corall
Der Augen helle Stern.
Chach. das Hertze von Metall!
Das Hertz ist nur zu hart. Wie wol pflegt sie zu gehen?
Sein. Man siht die Majestet Personlich in jhr stehen.
Chach. Die Weißheit schmückt jhr Haupt.
Sein. Wolredenheit den Mund
Chach. Ach! der mein blödes Hertz biß auff den Tod verwund
Sein. Die Salbe zu der Wund' ist in deß Fürsten Händen.
Die dise Pein erregt kan auch die Schmertzen wenden.
Chach. Sie kan! ja wenn sie wil.
Sein. Man thut gezwungen woll
Wenn man den Ernst verspürt; was man frey willig soll.
Chach. Die Libe läst sich nicht durch Zwang zu wegen bringen.
Sein. Wie manche wündtschet ihr daß man sie möchte zwingen!
Chach. Die ist auß manchen nicht/ was blib wol vnversucht?
Was hat man nicht gewagt? doch sonder eine Frucht.
Sie wündtscht ehr Flammen Pfahl vnd höchste Noth zu leiden;
Als daß sie wolt ein Har von jhrer Ehr' abscheiden.
Sie fält wo man mit Macht jhr raubt das werthe Pfand/
Durch Rew vnd Eyfer hin/ wo nicht durch eigne Hand.
Sein. Die Zeit wird unverhofft noch jhren Hochmutt wenden.
Chach. Sie kan die Schönheit wol/ nicht vnsre Schmertzen enden.
Sein. Ein Weib verändert leicht.
Chach. Was kan verstockter seyn
Als ein hartnäckicht Weib?
Sein. Ihr Ehrgeitz wurtzelt ein

Weil jhre Majestet sie als ein Diener grüsset.
Die Gunst sterckt jhren Trotz/ so bald der Frevel büsset;
Betraur't er den Verlust! man sucht was man verlacht;
Wenn Zeit vnd Mittel fort. Der Fürst schlag auß der acht
Das angenehme Bild.

CHACH. Was sagstu?

SEIN. Diß/ er stelle
Sich nur als ob sein Hertz die Band'/

CHACH. O bitter Helle

SEIN. Zurissen vnd/

CHACH. Was denn?

SEIN. Daß er von Libe frey.
Ihr Wahn wird bald vergehn.

CHACH. Ha! schlechte Phantasey!
Läst sich wenn Haus vnd Dach entbrand die Flamme decken?
Läst sich der lichte Blitz bey trüber Nacht verstecken?
Ein Wort/ ein schneller Blick/ ein Seufftzer macht zu nicht
Was ein erdichtet Haß vnd falscher Zorn verricht.

Imanculi. Seinelcan. Chach Abas.

IMAN. Durchläuchtigster Monarch der Reuß ist gleich ankommen.

SEIN. Er hat gesetzte Zeit sehr wol in acht genommen.

CHACH. Ruff Imanculi stracks der Länder Fürsten ein.
Seinelcan du schaff an daß der Gesandt erschein.

Chach Abas mit den Fürsten auß Persen/ Der Gesandte auß Reussen.
Der SchauPlatz bildet ab den Königl. Verhör Saal.

GESA. Der hochgewündtschte Tag/ hochmächtigster der Helden
Die Persen je gekrön't/ Fürst den mit Ruhm wird melden
Was nach vns leben sol/ der offtbegehrte Tag
Der Wolg[16] vnd Phrat verknüpfft/ vnd auff den Donnerschlag
Der Waffen/ vns entdeckt die angenehme Sonne/
Deß Fridens hohe Lust/ der grossen Völcker Wonne;
Der Tag ist numehr dar/ der/ dem das weite Land
Der Reussen zu Gebot; reicht die vertraute Hand

Als Bruder vnd vmbfast mit frölichstem Gemüte
Eu'r wolgeneigtes Hertz das voll von fester Güte
Sich vns zu Pfande gibt/ der Feinde Trotz verschwindt.
Nu sich der strenge Nord vnd reiche Sud verbind.
Wer gräntzt vnd ferne wohn't! wer von dem Schluß wird hören;
Wird beider eine Macht mit ernstem Schrecken ehren/
Vnd fürchten die er Hass't vnd zitternd schau'n wie sehr
Sich beider Prächtig Reich/ durch Einigkeit vermehr.
Vergön't dann höchster Fürst/ das weil ich frölich scheide;
Mir nicht sey unerlaubt zu rühmen was beneyde
Der nichts denn Vnheil sucht/ vergönt daß man erfahr
Das Czar euch Ewig Hold/ das Chach biß auff die Bar
Für vnserm Czaren steh. Vergönt daß ich erzehle
Daß es dem werthen Pers an keiner Tugend fehle
Daß an dem grossen Hoff mir so viel Gunst erzeugt;
Als auch den Vndanck selbst zu Danck vnd rühmen neigt.
Doch eh ich gantz zurück/ O Ruhm der Helden/ kehre;
Ist Noth daß ich zuletzt höchst bittend was begehre/
Doch mehr mein Czar durch mich/ er der so viel nachgibt;
Der mehr gemeine Ruh als grossen Vortheil libt;
Helt an/ vmb eine Fraw/ der Bande zu entschlagen/
Die in Iberien vor dem die Cron getragen/
Vnd nun gefangen traur't. Es sey daß Sie verletzt
Den der sie jtzt noch strafft! daß sie sich widersetzt
Der höhern Majestet! wir suchen nicht zu rechten/
Vil minder jhre Schuld weitläufftig zu verfechten/
Czar bildet fest' jhm ein daß Abas mehr verzeih'
Als eine Fraw verwürckt; wie schuldig sie auch sey.
Er wo man Bürgen heischt bürgt künfftig für Verbrechen
Die sie verschwern sol. Da Czar auch anzusprechen
Durchlauchtigster Monarch vmb etwas das jhr sucht;
Versichert euch diß fest/ ihr sucht nicht sonder frucht.
CHACH. Was vnserm Bruder Czar ohn alles Falsch versprochen;
Sind wir für vnser Theil steiff/ fest vnd vnverbrochen/
Zu halten stets gemeint. Eur wolgemeinter Fleiß/
Verdint mehr Ehre denn Chach selbst zu geben weiß.

Der mächtigste Monarch der Reussen müsse leben!
Die/ die Er frey begehrt/ hat (wie die Recht' es geben)
Reich/ Cron vnd Hals verschertzt/ doch lassen wirs geschehn/
Daß sie vor Abends noch sich möge freye sehn.
Wie Czar so embsig sucht. den Gott der höchst erhebe!

GESAND. Der Persen Sonn vnd Wonn Chach Abas herrsch' vnd lebe.

Chach Abas. Seinelcan.

Der SchauPlatz verändert sich in das Königl. Gemach.

CHACH. O Teu'r! vnd mehr denn teu'r von vns erkaufter Frid!
O Grausamster Verlust den je diß Hertz erlid!
Tyrannin vnser Seel! kömst du auß Abas Händen!
Sol man vmb Persens Heil dich in dein Land heim senden!
Dich! die durch Blut vnd Krig kaum in die Fessel bracht!
Dich vmb die vnsre Seel so jämmerlich verschmacht!
Daß dich dein Gurgistan gekrönt vnd jauchtzend schaue/
Vnd ruffe daß der Arm zu schwach für eine Fraue?
Erweicht ein bebend Weib nun weder Glimpff noch Pein?
Muß Chach nach so vil Sig/ Knecht oder Hencker seyn?
Muß Reussen bald auff Land bald auff vns selber Wütten?
Muß er bald Feind bald Freund mit kämpffen vnd mit bitten
Diß was man libt vnd hass't vns auß der Faust entzihn?
Muß Ruh' vns in der Schlacht vnd in dem Frid entflihn?
Ha Frid! vnd warumb hat vom Friden man gehöret?
Warumb hat diser Traum den weisen Kopff bethöret.
Weg Friden! greifft zur Wehr! es gelte Blut vnd Brand!
Es gelte Reich vmb Reich! last vns mit frischer Hand
Zureissen was man schrib. Stost alles über Hauffen
Was Rha vnd Tyger schloß! wenn nichts dadurch zu kauffen
Als vnser Leid vnd Schmach. Wie rasen wir so blind;
Wenn wir die höchste Schuld an vnserm Vnheil sind!
Was schreibt man Reussen zu was diser Mund verbrochen?
Wo wandelt' vnser Geist als wir so bald versprochen
Leichtfertig/ sonder Noth/ was der Gesandte bat?
Czar bitte! wenn nur Chach Macht abzuschlagen hat!

So Reussen auch mit Recht vmb dise Fraw darff bitten/
Kan Abas mit mehr Recht auff sie den Grimm außschütten;
Auff sie/ die/ was vns trew leichtfertig vmbgebracht
Vnd dise Cron getrotzt/ vnd dises Schwerd verlacht/
Vnd disen Thron geschimpfft/ die frembden Schutz gesuchet
Die vns noch täglich höhnt/ vnd in den Banden fluchet.
(Ergrimme rechte Rach!) es schaw die grosse Welt/
Was Abas pochen sey. Der harte Donner fält
Auff den verdamten Kopff. Sie sol auch sterbend fühlen
Wie heiß der Zorn entbrand/ den nicht jhr blut zu kühlen/
Ja nicht jhr Tod vermag! Gefang'ne du bist hin!
Du hast den kurtzen Rest der Stunde zu Gewin
In der man sich bedenckt wie deine Zeit zu schlissen.
Du solst für Reich vnd Sohn du solst für Meurab büssen.
Für Meurab! aber Ach! was geht der Hund dich an?
Ist so ein scharffes Recht das jemand straffen kan/
Der von der Schuld nicht weiß/ vil minder selbst verbrochen!
Gesetzt auch! daß du Mann vnd Schweher hart gerochen/
Vnd für dein Königreich dich wider vns gesetzt!
Du hast dein Schwerdt mit Recht/ wir stehn es zu/ gewetzt.
   Princessin Ach diß Hertz! diß Hertz muß leider brechen!
Dein Richter muß für dich vnd deine Fehler sprechen!
Princessin! Ach der Grimm der heisse Zorn verschwind't
So bald dein süsser Nahm sich auff die Lippen findt.
Sol Chach denn/ höchste Lust! Ach! sol dich Chach denn lassen!
Verdinet seine Gunst nichts als ein strenges hassen?
Ist dir diß grosse Land? diß weite Reich zu klein?
Wilst du vil liber frey als vnsre Fürstin seyn?
Ja wol! biß! biß denn frey! vnd trag diß libe Zeichen
Mit dir auß Persen weg; das alle Schlösser weichen
Wenn sie die Lib' auffsprengt/ vnd dencke wer dich libt
Vnd wer dich/ werthe Fraw/ dich teuren Schatz/ dir gibt!
Geh' vnd zeig allen an/ daß Abas nicht sein Leben
So würdig schätzt als dich/ vnd doch dich dir gegeben
Der Abas selbst zu schlecht! Geh vnd zeig allen frey
Daß Abas halt' auff Wortt' vnd selbst sein Meister sey!

Geh' hoher Geist geh hin! hilff Phrat vnd Rha verschlissen!
Geh! werd' ein FridePfand/ ein Zil dem Blutvergissen
Das Perß vnd Reussen kränckt. Geh! schaff vns beyden Ruh
Vnd bringe selbst die Zeit in höchster Wollust zu!
Doch wird Chach ohne dich/ wird Chach auch leben können?
Chach dem der Himmel nicht dich Lust der Welt wil gönnen?
Läst Chach dich selber denn auß seinem Reich entflihn?
Vnd (wo der Wahn nicht falsch) villeicht zu andern zihn/
Die minder sind denn er? Ach was sind alle sachen
Die Fürsten hir berühmt! die Fürsten herrlich machen!
Was ist doch jhre Lust als eine leere Pracht!
Man gibt auff jhren Glantz nicht auff die Bürden acht/
Man siht auff jhr Gesicht/ nicht auff verdeckte Schmertzen
Nicht auff die rauhe Qual durch Angst bestürmter Hertzen/
Man wündtscht zum Frid vns Glück; wir finden nichts denn streit.
Gantz Persen jauchtzt in Wonn'; hir raset grimmes Leid/
Der Reuß ist vnser Freund vnd schlägt vns dise Wunden
Die nicht der Feind vermag. Die Fürstin ist gebunden;
Vnd zwingt den/ der sie band Wie ein zuschmettert Schiff
Auff hart-bewegter See bald in das Schwartze tiff
Deß grausen Abgrunds stürtzt/ bald durch die blauen Lüffte
Mit vollem Segel rennt/ bald durch die engen Klüffte
Der scharffen Klippen streicht; so handelt vns die Noth
Versprechen/ Eyfer/ Lib/ Haß/ Rache/ Qual vnd Tod.
Schaw an die Seelen Angst! wo sind wir hin verdrungen?
Wir sind durch eignen Mund zu diser That gezwungen
Die vnser Geist verflucht! er macht vnd bricht den Schluß.
Er thut nicht was er wil; vnd wil nicht was er muß.
SEINEL. Hochmächtigster Monarch! wofern ein Knecht darff wagen
Rath bey so schwerem Werck/ dem Fürsten vorzuschlagen.
So steh es/ bitt ich frey/ was mich sein werthes Heil
Vnd aller Wolfart heist. Mir ist diß Leben feil
Für Abas Cron vnd Haupt.
CHACH. Wir kennen deine Treue
Erklär vns was dich dünckt. Meld ohne Furcht vnd scheue
Machst du durch deinen Schluß auch die Gefangne loß?

Sein. Durchlauchtigster Monarch; zwar jhre Schuld ist groß/
Doch grösser ist die Gunst die Abas zu jhr träget/
Noch grösser ist jhr Trotz der dise Gunst außschläget.
Wie daß sein hoher Geist denn die so trefflich acht
Die Persens Königreich vnd König selbst verlacht?
Wie aber? schickt man sie denn vngestrafft von hinnen?
Kan man wol harter Straff' als Freyheit hir ersinnen?
(Wofern es Freyheit heist den meiden der vns ehrt/
Der ein gebunden Weib als eine Göttin hört.)
Die jtzt vor Ubermuth wer Chach vnd sie vergessen;
Wird wenn sie nur von hir jhr Vnglück recht ermessen;
Vnd fühlen das sie hir im Kercker mehr denn frey/
Doch dort in Gurgistan/ mehr als gekerckert sey!
Chach wird sich zweyfels ohn nicht sonder Schmertzen finden;
Doch wissen wir daß Chach sich selbst könn' überwinden/
Den Niemand überwand! Abwesend seyn vnd Zeit
Lescht alle Flammen auß. Man sigt in libes Streit
Wenn man den Feind nicht siht. Itzt rühm ich nicht den Helden[17]
Den Trapezunt mit Ruhm/ mit zittern Stambol melden/
Deß Bosfers grosse Stadt war nu in seiner Hand
Als sein ruhmdürstigs Hertz auff die Iren'[18] entbrand/
Der Brand nam überhand/ doch fil die Lust zu krigen/
Die Tapfferkeit schliff ein/ vnd starb in so vil sigen;
Biß jhn sein Mustaphas als auß dem Traum erweckt/
Vnd/ das die Läger voll von Murren/ frisch entdeckt.
Wol sprach er! rufft herbey die Völcker die vns dinen/
Die frech jhr Oberhaubt zu meistern sich erkühnen!
Der Tag sol zwischen vns vnd jhnen Richter seyn
Ob Wollust oder Wir dem Regiment zu klein.
Alsbald das Heer sich fand ist Mechmet selbst erschinen
Irene neben jhm voll funckelnder Rubinen
Voll schimmernd-heller Pracht/ doch gläntzt jhr Angesicht
Mehr als der Kleider Gold vnd Diamante Licht.
Wer nur vorhanden; start auff Anblick diser Sonnen/
Die auch das kaltest' Eyß mit einem Stral gewonnen/
Ein jeder gab sich bloß vnd schalt den Fürsten frey/

Vnd rieff; das seine Lib an nichts zu tadeln sey!
Die ists! sprach Mechmet/ die vns einig kont enttzünden
Doch lernt; das nichts vermag' vns Sinn vnd Hand zu binden/
Das Mechmet allzeit sein! eh' man es recht gewar
War schon die Sebel bloß/ die Faust in jhrem Har/
Der Stahl in jhrem Hals! hir sah man jhre Leichen/
Vnd dort in seiner Hand der Wangen röth' erbleichen.
CHACH. Er war in disem Stück ein Vnmensch gleich als du.
SEIN. Es ist die Meynung nicht das man was Mechmet thu
Nur (was vil leichter scheint.) man lasse willig fahren
Was selbst nicht bleiben wil vnd man nicht kan bewahren.
CHACH. Bewahren? wie? wer führt wer hilfft jhr auß dem Ort?
SEIN. Ach! jhre Majestet/ vnd jhr außdrücklich Wort.
CHACH. Geredet eh' bedacht vnd in der Eil gesprochen!
SEIN. Der Persen grosser Fürst hat nie sein Wort gebrochen!
CHACH. Wir wurden übereilt wie man außdrücklich sah.
SEIN. Diß laufft der Majestet deß Fürsten vil zu nah.
CHACH. Wird diß was vns so werth auß vnser Hand genommen?
SEIN. Vmb ein noch wehrter Gut den Friden zu bekommen.
CHACH. O Teur erworben Gut! O hochgelibtes Pfand!
SEIN. Ist jhrer Majestet was liber als jhr Land!
CHACH. Durch vnser Wort bist du Princessin vns vertorben!
SEIN. Wie/ wenn als Menschlich ist/ sie längst vorhin gestorben!
CHACH. Der schickung were diß nicht vnser eigne Schuld!
SEIN. Diß schickt der Himmel auch. Drumb tragt es mit Geduld.
CHACH. Wer wird die Wunde doch die sie vns schlug verbinden?
SEIN. Die Zeit die Mittel kan zu allen Wunden finden.
CHACH. Ach warumb sind wir selbst auff Mittel nicht bedacht!
SEIN. Gold band die Freyheit selbst.
CHACH. Hir ist es sonder Macht.
SEIN. Man kan/ die einmal frey/ noch einmal wieder fangen
CHACH. Man fängt den Leuen kaum der einmal ist entgangen.
SEIN. Man schaw' ob durch verzug nichts zu erlangen sey.
CHACH. Wo bleibt denn vnser Wort; Sie sey vor Abends frey?
SEIN. Wie wenn sie selbst als frey noch wolt alhir verzihen?
CHACH. Sie? die nichts libers sucht als fern von hir zu flihen!

Sein. Man bitt jhr alles an.
Chach. Der/ die nichts achten mag/
Sein. Der Baum der lange stund fält auff den letzten schlag.
Was schadets daß man noch zu letzt was möglich wage.
Vnd jhr Ruhm/ Ehre/ Macht ja Cronen selbst vorschlage?
Chach. Es wird doch nur vmbsonst ja wol fürs letzte seyn
Doch; laß vns etwas Ruh! vns fält was sonders ein.

Reye der von Chach Abas erwürgeten Fürsten.

Chor.

Die leichte Handvoll Jahr
Die vns deß Himmels Licht auff diser Erden schencket;
Rennt nach der schwartzen Bar/
Diß Leben wird in Angst vnd Thränen gantz erträncket
Die Blumen eh' als sie gefunden/
Sind mit dem Mittag offt verschwunden/
Der Taw hat kaum das Feld genetzet/
Vnd ist nicht wenn die Sonn entsteht/
Ein Funck' hat kaum das Aug ergetzet;
Wenn er in seine Nacht vergeht.
Ein Schiff reist durch die See/
Ein Vogel durch die Höh/
Der Schatten durch das Land
Der Sturmwind über Sand
Die Pfeile siht man kaum durch die getheilten Lüffte streichen/
Doch nichts läst hinter sich deß zugeschwinden ganges Zeichen/
So schnell ja schneller fleucht diß Leben/
Das wir eh' enden als anheben.
Wir sind kaum in diß Licht geboren/
Vnd sind schon von dem Tod erkoren
Den wir offt vnerkänt erleiden!
Wir kommen; vnd man heist vns scheiden.

GegenChor.

Doch Chach der Mörder riß

Den kurtzen Faden ab[19]/ vnd setzte Kling vnd Zangen
In vnsre Brust/ er bliß
Diß Lebens Lichtlin auß eh' es die Zeit verhangen!
Was nützt es seinem Stahl entrinnen;
Wenn schwartze Gifft kont vns gewinnen?
Was halff es jhm die Hande bitten/
Wenn er mehr Freund als Feind beschwert?
Vil fillen hin durch grimmes Wütten;
Mehr sind durch Meuchelmord verzehrt/
Er brach mit grauser Hand
Auch deß geblüttes band/
Schertzt offt mit Eyd vnd Bund/
Vnd trat was fil vnd stund/
Doch sterben war vns leicht/ er kont vns erst den Tod vergällen/
Durch aller Folter Art. Sein Grimm entbrand als Glut der Hellen.
Pfahl/ Mörsel/ Spiß/ Bley/ Beil vnd Stangen/
Rohr/ Säge/ Flamm/ zuschlitzte Wangen/
Entdeckte Lung'/ entblöste Hertzen/
Das lange zappeln in den schmertzen/
Wenn man vns Darm vnd Zung entrückte!
Das war was Abas Aug' erquickte.

Chor vnd GegenChor zusammen.

O Richter diser Welt dem Printzen zu gebott!
Wie lange sihst du zu?
Hat denn der Bluthund noch/ trotz Zeit! trotz Recht! vnd Gott.
Auff seinem Throne Ruh!
Wilst du HErr der Welt nicht wachen/
Vnd deß Grimms ein Ende machen!
Wilst du vnsern Tod nicht rächen?
Wilst du nicht mehr Vrtheil sprächen?
Gehn so viler tausend Schmertzen/
Richter/ dir nicht mehr zu Hertzen?
Lässest du auff eines wincken
Gantze Reich' im Blut ertrincken?
Ernster Richter! übe Rache!

Wache! grosser Gott erwache.
Wache! Wache! Wache! Wache;
Rache! Rache! Rache! Rache.

Die Dritte Abhandlung

Catharina. Der Gesandte auß Reussen.
Der SchauPlatz bildet ab der Königin Zimmer

GESAND. Durchlauchtigste/ wo euch je Reussens Heil ergetzet/
Das nach so hartem Krig sich nun zu Ruhe setzet;
Wo jhr/ wie vns vor dem nur mehr denn wol bewust
Ob vnsers Czaren Glück' je vnverfälschte Lust
Auff eurem Thron geschöpfft; so last euch jtzt bewegen
Eur überschweres Leid vmb etwas abzulegen/
Vnd wündtscht zu disem Werck' vnd Fürstlichen Vertrag
Der vns vnd Persen bind't was der berühmte Tag
Vnd eure Neigung heischt. So ists! wir sind verglichen!
Der Waffen Donnerklang; die Sturm-Wolck ist gewichen
Der Schwerdter grimmes Recht wil gantz verschoben seyn/
Vnd reumet seinen Platz dem edlen Friden ein!
Wol mir! dem nun erlaub't euch mit der Post zu ehren!
Doch warumb laß ich euch nur vnsre Freud' anhören?
Warumb schaw' ich so lang eur herbes Elend an?
Da doch der Tag mehr euch als andre trösten kan.
Princessin; vnsre Wonn ist eurer freuden Quälle.
O daß die süsse Lust/ kein herbes Leid vergälle!
Der Freuden-schwangre Tag zubricht deß Kerckers Schloß/
Vnd Chach macht von der Kett' auff vnsre Bitt' euch loß.
Mein Fürst der stets bedacht die Thore zuentschlissen;
Lest durch die Freyheit euch/ nicht mehr Gefangne grüssen/
Vnd wil daß neben vns auch eur betrübtes Land/
Vnd König Tamaras/ der die geneigte Hand/
Nach euer rechten streckt/ von Hertzen sich erfreue
Daß eur erlidten Leid/ in Wollust sich verneue;

Vnd wündtscht vor so vil Creutz/ das eur Gemüt bewehrt/
Euch noch mehr Glück' als ihr vnd Tamaras begehrt.
CATH. Der Reussen mächtig Haupt gibt warlich zu verstehen;
Daß seine Sinn' als Stand dem Himmel nahe gehen/
In dem es/ wie auch Gott/ mitleidend sich erzeigt/
Vnd sich von seinem Thron zu vnserm Kercker neigt.
Wir wissen weder Gott noch disem Recht zu dancken
Dem seine Tugend danckt. Wo in den rauhen Schrancken
Der vnerschöpfften Angst sich jemand freuen mag;
So glaubt vns Herr Gesandt/ daß nicht die lange Klag/
Nicht die gehäuffte Pein/ nicht die bethränten Wangen
Nicht was der Zeiten Grimm noch über uns verhangen
Vns hinder' an der Lust/ die eure Ruh vns bracht.
Doch jhr seyd in der Lust auff vnser Leid bedacht/
Vnd sprecht vns frey/ vnd last vns eigne Lust empfinden.
Glaubt Herr das heist auffs new' auff ewig vns verbinden
Glaubt Herr/ dem so vil Müh für vnser Heil behagt;
Wir bleiben euch verpflicht/ vnd eures Czaren Magd.
GESAN. Durchleuchtigst' ich bin mehr dem hohen Glück verpflichtet
Daß diser durch mich dint/ die Wunder hat verrichtet
Als sie den Zepter führt/ die man mit Wunder siht/
Nun jhrer Tugend Ruhm/ trotz allen Banden! blüht.
CATH. Wir wissen nichts an vns dergleichen zuerkennen
Gesan. Die sich nicht kennen wil weis ew'ger Ruhm zu nennen
Diß eine wündtsch ich noch: vergönt daß sich vermehr
Eur hochverdintes Lob vnd vnsern Czaren ehr
Durch Abriß diser Angst/ die euren Geist beschweret
Vnd euren Cörper band.
CATH. Was jhr anjtzt begehret
Ist wenig für die Gunst die vns eur Fürst erzeugt!
Diß Auge stelt euch vor/ ob schon die Lippe schweig't
Daß nichts als lauter Weh/ als Ach vnd grimme Schmertzen
Als Mord/ Verläumbdung/ Haß/ Verräther-tolles schertzen/
Vnd eine Flut von Blut/ vnd höchster Tyranney/
Vnd Hencker/ Brand vnd Pfahl euch vorzustellen sey!
Doch weil euch nicht erschreckt/ was sonder furchtsam grauen

Auch ein verstockter Türck ohnmächtig anzuschauen;
Find't eur verlangen stat. Euch ist zu wol bekand
Daß leider wir zu schwach mit stets-bewehrter Hand
Der Türcken Nachbarschafft/ der Persen strenges kämpffen
Die vns von Ost vnd West vmbpfählen recht zu dämpffen/
Drumb sucht Georgien/ wie wol gezwungen/ Schutz
Von dem der Schaden kan; vnd Stambol seinen Nutz
Auß Tefflis Dinstbarkeit. Wir/ den die Casper Wellen
Vnd Persens Marck-revir gesetzte Gräntzen stellen
Begrüsten Ispahan: doch wo wir Schutz begehrt/
Schlif man auff vnsern Hals das Mord-begir'ge Schwerdt/
In Tefflis hub zu erst der Blutsturm an zu wütten
Als der gepreste Fürst die Last sucht abzuschütten;
Vmbsonst! sein schwacher Arm ward durch die Türcksche Macht
Gefässelt vnd verstrickt. Als er durch Gifft vmbbracht;
Erhilt Printz Alovas deß Vatern Thron vnd Crone/
Selbst Achmet halff ihm auff/ vnd gab dem zarten Sohne
Den weisen Meurab zu/ der sich so tapffer hilt
Daß er mit seinem Ruhm das gantze Land erfült/
Die Hertzen mit der Gunst. Als Abas diß vermerckte/
Daß Achmet seinen Stat durch solche Mittel sterckte;
Befahr't er; daß/ wo er nicht etwas früh erwacht/
Mocht' vnser Gurgistan vermehren Stambols Macht.
Drumb liß er Bund vnd Schutz vns vnversehns antragen/
Printz Alexander dorfft' jhm diß noch das ausschlagen.
Deß Türcken Nachbarschafft war freylich vns zu schwer;
Doch schreckt vns noch vil mehr der Persen streitbar Heer.
GESAN. Da war Georgien recht zwischen Thür vnd Angel
CATH. Chach sucht ein näher Pfand/ vnd damit ja kein Mangel
Auff vnser Seit' erschin/ schickt vnser Fürst geschwind
Den Printzen Constantin sein erstgeboren Kind
Nach Persens Hoffstadt hin/ daß Chach so hintergangen
Daß er durch Haly Wahn verzaubert vnd gefangen
Gott/ Tauff vnd Creutz verschwor. O unverhoffter Schmertz!
O jammerreicher Stral/ der durch deß Vatern Hertz
Biß an die Seele drang! Er riß die grauen Hare

Von seinem kahlen Kopff'/ vnd wündtschte nach der Bare
Ja er enterbte schlechts den abgefallnen Sohn/
Vnd gab der jüngsten Frucht/ dem David Reich vnd Cron.
Dem David mit dem Wir! auff kurtze Zeit vermählet
Vnd leider! wenig Jahr' in höchster Trew gezählet/
Von dem Fürst Tamaras das erst vnd ein'ge Kind
In keuscher Eh' erzeugt/ daß vnsre Band empfind
Vnd alle Schmertzen fült. Er fing kaum an zu blühen;
Als er auff Abas Wort auch must in Persen zihen/
Vnd für vns Geissel seyn. Doch blib er frey vnd fest
Bey seinem Christus stehn/ vnd schlug die tolle Pest
Deß Haly Wahnwitz auß. Wie hart auch Abas tobte
Wie vil er jhm Geschenck' vnd Land vnd Gunst gelobte.
GESAN. O vnbewegter Sinn.
CATH. So steiff als er sich hilt
So blind lif Constantin/ der als ein Ebenbild
Der Laster/ was hir lebt vnd leben wird sol lehren;
Daß die Gott vntrew sind auch nächstes Blut nicht ehren.
GESAN. Wer schon deß Himmels Recht gelassen auß der acht;
Hat Völcker Sitt' vnd Schlüß der Menschen nie bedacht:
CATH. Chach Abas hetzt jhn an auff seines Vatern Leben
Vnd seines Bruders Halß. Er schwur jhm Volck zu geben
Vnd Alexanders Reich. Doch wär er nur bequem
Zu herschen/ wenn er vor deß Vatern Kopff abnehm/
Vnd seines Bruders Hertz an blosse Dolchen steckte.
Der Vater wer' es ja der jhm Gefahr erweckte/
Der seiner Cronen Gold gelobt dem andern Sohn/
Der Bruder wäre Feind/ er stünde nach dem Thron.
Ach! kan der Zepter Durst so die Vernunfft bethören!
Ach kan der Cronen Geitz die Seele so entehren!
Daß sie Verwanthes Blut/ wenn dise Pest erwacht/
Vnd deß Gewissens Grimm blind setzen auß der acht.
Sie schlossen beyder Mord. Der König ward beschrieben
Mit vnserm Ehgemahl.
GESAN. Hat Abas diß getrieben?
CATH. Sie zogen beyde fort mit viermahl tausend Man/

In deß Verräthers Hoff. Er nam sie freundlich an.
Der Meuchel-Mörder selbst verbarg sein frech Beginnen
Durch eitler Libe Dunst. Er suchte zugewinnen:
Ihr vnverfälschtes Hertz (so schin's) je mehr vnd mehr
Vnd lud sie zum Pancket/ auff dem nach langer Ehr
Er seines Vatern Brust mit eigner Faust durchstochen
Vnd seines Bruders Hals (O Greuel!) hat gebrochen!
Der an der Taffel fil vnd in dem Mord Palast
Mit vmbgesprütztem Blut befleckte Wirtt vnd Gast.
Der duppel Mord erschall/ der Hoff fing an zu toben
Auß Zittern vnd auß Grimm. Chach durffte selbst nicht loben
Was man nach seinem Wundtsch so meisterlich vollbracht.
Doch braucht er neue Ränck' vnd suchte List durch Macht
Zu fördern. Als im Hoff auff sein Befehl erschinen/
Die mit auß Gurgistan dem Könige zu dinen
In Persen sich gewagt; sprach er sie traurig an;
Gelibt' es kränckt vns hoch/ daß jhr in Ispahan
Vmb Haupt vnd König komm't. Doch/ wer ist der nicht wisse/
Wie leicht bey Wein vnd Zorn man fall' vnd Blut vergisse.
Diß Vnglück rührt auß Zanck/ der Zanck kam ohngefehr
Auß blassem Mißverstand vnd schnellen Worten her.
Doch ob die Printzen fort; der Stat ist dennoch bliben.
Hir ist Fürst Constantin/ der euch/ sein Volck/ wird liben/
Gezeugt in eurem Land/ deß Königs erster Sohn/
Vnd ein- vnd eigner Erb: Ihm wird Gurgistans Cron
Als richtig Vatertheil rechtmessig zuerkennet.
Ihr bleibt jhm ewig trew/ vnd führt jhn vnzertrennet
In sein ererbtes Reich/ vnd lebt in stiller Ruh.
So sprach er vnd gab jhm fünfftausend Persen zu.
Die Zeitung liff voran. Wir schätzten vns verlohren/
Als vns deß Schwehers Fall/ deß Ehmans Tod/ zu Ohren
Vnd zu Gemütte drang/ als Abas grimme Schar
Dem Bruder-Mörder folgt auff Herd vnd auff Altar/
Vnd Gott selbst Krig anbot. Diß Hertz hat sich entschlossen
Als schir ein jeder zagt; dem Blut das er vergossen
Durch seinen Vntergang vnd Tod genung zu thun.

Wir lissen vnser Volck vnd Waffen denn nicht ruhn/
Vnd brachten vnversehns zwelff tausend auff die Beine;
Die wir mit List versteckt/ wo durch die hohen Steine
Ein Weg in vnser Land Berg auff vnd enge läufft
Ob welchem sich der Wald mit dickem Schatten häufft.
Nicht fern von disem Felß erschinen Persens Zelten/
Man schaute wie sich Heer vnd Heer in Ordnung stellten
Bereit auff vns zu gehn.

GESAN. Wie hilt sich Gurgistan?

CATH. Man bott dem Constantin Gespräch vnd Friden an/
Man meldet' jhm daß wir mit hertzlichem Verlangen
Bereit jhn auff dem Hoff vnd Throne zu empfangen/
Daß nicht durch frembde Macht ein Reich zu suchen wär
So einig jhm verpflicht. Ja daß wir sonder Heer/
Allein/ in seinem Zelt gesonnen jhn zu grüssen/
Dafern Princessen diß Geschlecht vnd Scham nachlissen;
Daß vnser Wundtsch jhm selbst zu zeigen solche Ding/
An welchen seine Cron vnd vnser Wolfart hing
Vnd der gekrenckte Stat. Drumb möcht er sich erheben/
Vnd sonder grossen Schleif auffs flache Feld begeben/
Da wir mit wenig Volcks begleitet ihm die Hand
Zu küssen vns erklärt.

GESAN. Was richtet jhr Gesand
Mit disem Vorschlag auß?

CATH. So vil als wir begehret
Der Mörder wagte sich von Volck vnd Hülff entwehret
Auff den belibten Platz/ vnd trug noch law von Blut
Der Fürsten/ heiß entbrand mit toller Flammen Glut
Vns Cron vnd Heyrath an. Wir/ vmb vns recht zu rächen/
Erwisen daß es ihm nicht würd' an Macht gebrächen
Wenn schon der Persen Heer nicht in das Land eindring/
Vnd durch ein frembdes Volck sein Vnterthan verging.
Wir stellten vns bereit nach seinem Sinn zu leben/
Vnd schlugen jhm nicht ab den Leib zu übergeben.
Er fand nur (wie es schin) mehr als er je gesucht
Doch bald (was er verdint) der tollen Boßheit Frucht.

Denn als er durch den Glimpff deß eiteln Dunsts verblendet
Nach seinem Läger eilt vnd vns den Rücken wendet;
Fil vnser Volck hervor vnd druckten auff ihn ab/
Daß er in einem Nun die falsche Seel' auffgab.
Sein Läger ward in eyl von vnserm Heer besprungen.
Printz Alexanders Volck/ das mit jhm (doch gezwungen)
Zurück auß Persen kam/ vnd seine Schar gesterckt;
Begönt als es den Tod deß Vater-Mörders merckt
Die scharffgewetzte Kling' in Persens Blut zu baden/
Das durch die Felder floß. Der Strom drang schwer beladen
Von Leichen vnd verstopfft. Kurtz; was nicht vns anhing;
Was nicht durch schnelle Flucht errettet ward; verging.
GESAN. Mit was Gemüt hat Chach die ernste Rach vernommen?
CATH. Er schickt alsbald die Post zu seinen Ohren kommen
Vns vnser einig Kind den Tamaras zurück
Vnd wündtscht vns zu dem Sig mit schönsten Worten Glück.
Ja rühm'te daß wir Man vnd Schweher steiff gerochen/
Vnd band vns ferner ein zu halten was versprochen/
Vnd Persen trew zu seyn/ wie biß dahin geschehn/
Wolt' auch den Tamaras auffs ehst vermählet sehn.
GESAN. Was hör ich! Himmel hilff!
CATH. Wen solt er nicht betrigen?
Wen solt er in den Schlaff nicht mit dem heucheln wigen?
Doch war Chach Abas falsch/ vnd vnter disem Schein
Sucht er den Fall deß Sohns der Mutter herbe Pein/
Die beid' auff eine Zeit mit neuer Angst betrübte/
Als vnser Tamaras/ die Blum auß Tefflis libte.
Das Freulein das er jhm zu seiner Braut erkor/
Thats freylich weit an Zucht vnd Schönheit andern vor/
So daß auch Alovas der sie zu spätt erkennet
Durch jhrer Augen blick gefährlich ward verbrennet/
Vnd sucht ihr Hertz das schon mit vnserm Sohn getheilt
Er wand außdrücklich vor; daß wir jhn übereilt;
Daß Tamaras mit Recht ihm die nicht könt entführen/
Die jhm als Vnterthan nur solt allein gebühren
Vnd hätte Tamaras das erste Wort davon;

So were Tefflis sein. Vnd Alovassen Cron
Hüb' alle Zusag auff. Man wolte sie vergleichen
Doch kont auß Lib/ vnd Zorn/ kein Fürst dem andern weichen
Sie selbst die Braut entfloh/ auff ein versichert Schloß.
Der Länder Ruh ging' ein/ die Printzen brachen loß
Vnd zogen beid ins Feld/ mit Vorsatz sich zu schlagen
Vnd alles vor die Beut auffs letzte Blut zu wagen.
Die Waalstadt stund besetzt vnd alles Volck bewehrt.
Als sich in einem Nun das gantze Spiel verkehrt.
Den Alovas (es sey daß jhn sein Heer bewogen!
Es sey daß Freundtschafft jhn zu diser That gezogen!)
Schickt als schon Mann auff Mann vnd Lantz auff Lantze zilt/
Als Drommel vnd Trompet durch alle Lüffte spilt:
Vnd sich der grosse Zeug bewegt auff eines Wincken
Wie wenn Nordosten heist die schweren Aeren sincken/
Er schickt in vnser Zelt: vnd führt vns zu Gemütt
Ob diser Zanck durch Stahl zu schlichten: ob durch Gütt'.
Er meinte daß es schwer vmb eine Fraw zu küssen
So vil vnschuldigs Blut als Bäche zu vergissen/
Daß beyde die von Haß vnd Eyfer jtzt entbrand
Gar wenig Zeits vorhin durch treuer Freundtschafft Band
Verknüpfft für Gott vnd Reich einander stets begegnet/
Daß Christus jhren Bund durch mildes Heil gesegnet/
Den man durchs grimme Schwerdt vnd sonder eine Frucht
Zu nutz dem Agaren an jtzt zu brechen sucht/
Es mangelt' Alovas zwar nicht an Mutt vnd Sigen;
Doch schmertzt ihn daß durch jhn sein Freund solt vnterligen;
Auch wündtscht er nicht allein auß Libe dise Braut/
Er that es auß Befehl. Chach dem er sich vertraut
Reitzt jhn zu disem Stück' vnd hiß in allen Schreiben
Ihn durchgehn vnd strack fort den Tamaras entleiben.
Er warnte den zuletzt; man wolle vor sich sehn/
Sonst möchte was der Pers so scharff begehrt geschehn.
Wir starten auff die Wort/ als welchen Chach verholen
Zum offtern eben diß durch treue Post befohlen.
Geht hin/ rief Tamaras/ sagt eurem König an;

Daß wo er Abas Hand vns heut auffweisen kan/
Wir willigst abzustehn. Er schickt vns sonder wancken
Deß Persen Mord Papir. Wir eilten jhm zu dancken
Durch gleiche Wechsel-Briff' man legt jhm ins Gesicht
Deß Persen eigne Faust. So brach diß Stück ins Licht.

GESAN. O Himmel! solte diß ein Mensch von Abas dencken!
Wie hilt sich Alovas?

CATH. Er liß sich eilend lencken
Kam eher man vermeint in Tamaras Gezelt/
Vnd sprach; mein Bruder schaw' heckt auch die hel'sche Welt
So eine grimme Pest/ die beid' vns zu verletzen
Durch eigne Glider sucht? heist Chach das Schwerdt mich wetzen?
Vnd reitzt er dich auff mich? sucht er durch vnser Blut
Der Länder vntergang? Nein Glaub ich bin zu gut
Daß ich sein Hencker sey. Gott müsse diß verhütten!
Leg alle Feindschafft ab/ laß vns nicht ferner wütten.
Nim die Princessin weg/ vnd gib mir deine Hand
Zum Zeichen erster Gunst vnd Brüderlichem Pfand.
Las deß Verräthers Hoff. Wil Ispahan nicht nützen
So kan/ Trotz List vnd Macht vnd Waffen! Stambol schützen.
Printz Tamaras vmbarmmt mit Lust so wertten Gast.
Die Zwytracht ward gestillt/ deß grausen Kriges Last
Verfil in Hochzeit Freud' vnd alle Mord-Trompeten
Geselten Tamaras zu seinen Braut Panqueten.
Man machte neue Bünd/ vnd lif den Bospher an.
Weil man vom Tyger nichts/ denn Meineyd hoffen kan.

GESAN. Wie nam diß Abas auff?

CATH. Diß Werck blib so verschwiegen
Daß er das minste nicht zu Ohren konte kriegen.
Biß daß durch Bottschafft jhm/ der Türcken Fürst anbracht;
Daß er zu seinem Zug auch Gurgistanscher Macht
Zu brauchen sich erklärt. Doch wolt er vorhin wissen
Ob sie mit Abas nicht sich in Vertrag einlissen/
Vnd ob er zu dem Volck' hett Anspruch oder Recht.
Chach lacht in seine Faust vnd weil er Stambol schlecht

Zu hönen willens war; versprach er dem Gesandten/
Es solten sonder feil jhm seine Schutz verwandten
Der Fürst von Tefflis selbst vnd der von Gurgistan
Zu Red' vnd Antwort stehn/ da er in Ispahan
Wolt jhre Gegenwart in zweymal virtzig Tagen
Erwarten. Diser schloß so wenig Zeits zu wagen.
Stracks hat Chach gegen vns vnd Tefflis sich erklärt;
Daß er/ so Fürst als Volck auff seinen Hoff begehrt.
Die Printzen thaten jhm drauff unverzagt zu wissen;
Daß sie auff Osman sich vnd nicht auff Chach verlissen.
Vnd gantz mit keinem Heer vil minder in Person
Gesonnen auff sein Wort zu nähern Abas Thron.
Chach welchem diser Schimpf mehr denn erträglich schmertzte
(Als der Gesandte noch mit seinem Hochmutt schertzte
Vnd lachend sich von jhm an heim nach Stambol macht.)
Schwur bey der höchsten Krafft die über Fürsten wacht;
Daß er den Kopff fort an nicht sanffte wolte legen
Biß er den frechen Hohn mit Flammen Mord vnd Degen
Vnd vnserm Vntergang vollkommen abgewischt
Vnd seine dörrend Ehr in mildem Blut erfrischt.
Er wolte selbst ins Feld/ vnd hub an scharff zu toben
Auff alle/ welche nicht den Vorsatz konten loben.
Can Alovard der jhm diß auszureden tracht;
Ward vnversehns mit Gifft an seinem Tisch' vmbbracht.
Er hiß in tollem Grimm den Curtzi Bassi prügeln/
Vnd nach gehäuffter Schmach in einem Thurm verrigeln.
Er biß als sein Gemahl ihn bat/ nicht auß dem Land
Zu weichen/ jhr erhitzt/ die Finger von der Hand/
Ja liß gantz Gurgistan in solcher Eil bespringen
Daß vns nicht möglich Schutz vnd Beystand auffzubringen.
So gehts wenn sich ein Schiff an scharffe Klippen schmeist/
Vnd mit dem ersten Schlag die gantze Last auffreist.
Doch suchten wir noch eins (behertzt bey aller zagen)
Diß Leben/ für das Blut Georgiens zu wagen
So bald wir vnser Kind vnd Schnur hinweg geschickt/
Vnd schon der Persen Zelt von dem Gebirg' erblickt;

Begaben wir vns recht zu deß Tyrannen Füssen
Vnd wolten seine Faust in tiffster Demut küssen.
Er/ dem der schwere Zorn durch alle Sinnen kracht/
Erhitzt in geiler Brunst/ als wir der grausen Macht
Mit Thränen zugesetzt/ als wir mit eigner Leichen
Vns den gereitzten Grimm erboten zuerweichen.
Die offt verkehrte Rött' im Angesicht entdeckt;
Wie hefftig seine Seel durch Rach vnd Lib entsteckt.
Er sprach vns freundlichst an (doch war die Gunst vergellet)
Vnd fragte warumb sich nicht vnser Kind einstellet.
Zwar/ sagt er/ ist es eins! wo jhr mit ernster Trew
Den hochverletzten Bund für Reich vnd Euch auffs New
Bekräfftigt wündtscht; so schafft daß die man euch wird nennen
Für vns mit Eyden sich zu dem Vertrag erkennen.
Diß ists was wir begehrt. Geht jhr den Vorschlag ein;
So wird man Gurgistan gantz nicht beschwerlich seyn.
  Wir gaben alles nach. Man must auff sein begehren
Ihm eilend fünffmal Zehn der Edelsten gewehren/
Den er/ nach dem sie sich auffs euserste verpflicht
Den Heimzug stracks erlaubt. Doch wolt er daß man nicht
Sich Landwerts kehren solt' vnd auß dem Läger reisen
Als nach dem Gast Pancket/ das mit gehäufften Speisen
Vnd reichem Vberfluß sich in die Nacht verzog.
O Hellen-schwartze Nacht! die auß dem Abgrund flog!
Vnd stette Finsternüß in diser Brust erweckte!
Die Abas Grausamkeit vnd Meineyd vberdeckte!
Die Funfftzig welch' er nun von sich nach Hause liß;
Die warens die sein Volck auff erstem Weg' erstiß/
Auff sein selbst eigen Wort. Vns führt' er mit gefangen/
Vnd helt vns noch biß heut'. Als Tamaras entgangen
Ergriff er Alovas den er mit Ketten band
Vnd mit dem Meurab schnell nach Persens Hoffstadt sand.
Den Thron bestig ein Man/ der ob er wol geboren
Auß Grichscher Fürsten Blut/ doch Christum längst verschworen.
Dem trau't er beyde Reich'. Euch ist nicht vnbewust
Wie Alovas den Geist durch Gifft ausblasen must!

Wer weiß nicht wie alhir deß Meurabs Fraw gehandelt?
Wie Chach mit Meurabs Sohn vnd Tochterlein gewandelt?
Vor Meurabs Augen selbst? biß Meurab dahin bracht;
Daß er für Persens Gunst deß HErren Creutz verlacht.
GESAN. So ists! doch hat er nu den schweren Fall bereuet
Vnd mit erhitzter Rach' jhr vnd seyn Land erfreuet.
Vnd Ispahan erschreckt. So steht nach erstem Fall
Ein Held behertzter auff! so härtet man Metall
Durch Schmeltzen/ also helt im strengen Wette-lauffen
Der Renner etwas ein/ der bald den schnellen Hauffen
Als fligend überholt. Wie vil durch jhn geschehn
Wird eure Majestet mit vns in kurtzen sehn/
Wenn jhr gekrönter Sohn mit Thränen auff den Wangen/
Die ware Lust außprest/ sie küssend wird vmbfangen/
Wenn jhr erlöstes Reich jhr wird entgegen zihn
Vnd ruffen durch die Lufft; Es lebe Catharin!

Chach Abas.

Der SchauPlatz verändert sich in den Königlichen Lustgarten.

Der Schluß ist endlich fest! das harte Joch sol brechen
In welchem wir so lange gehn!
Chach wil sich endlich heut' erquicken oder rächen
Eh' als der Monden auff wird stehn.
Chach wil/ eh' heut die Sonne muß verschwinden
Lust oder Ruhe finden!
Verzeih' es heisse Lib die Rachgier steckt vns an!
Halt in/ Rach halt! die Lib ists/ die vns hindern kan.

Wir sind der Worte loß die (als es schin/) vns bunden;
Sie sol vor Abends freye seyn.
Wir haben rechte Salb' auff disen Brand gefunden;
Frey von deß langen Kerckers Pein.
Sie sol recht frey/ heut vnsern Thron besteigen/
Wo nicht; ins Grab sich neigen.

Wol Fürstin du bist frey. Nu wehle: Lust vnd Noth.
Diß schlegt dir Abas vor: sein Ehbett oder Tod.

Kan jemand vns mit Recht jhr Himmel diß verweisen
Wozu vns das Verhängnüß zwingt?
Man heilt die Wunde doch durch Pflaster oder Eisen/
Die strenge Seuch' ists die vns dringt!
Du selbst Princessin (wo du nur zu lencken!)
Kanst Abas nicht verdencken/
Daß er/ der dich bißher gelibt ohn alle Frucht;
Mit Ernst sein eigen Heil in deiner Wolfart sucht.

Ach! aber muß man dich durch solchen Ernst betrüben?
Wird dir so kurtze Zeit gesetzt?
Fürwar die liben nicht/ die vns gezwungen liben!
Man flucht der Hand die vns verletzt.
Wie wenn du wolltest eh den Tod erwehlen
Vmb vns noch mehr zu quälen?
Ists möglich daß vns die auch kan gewogen seyn
Die schon durch dise Faust verdamt zu rauher Pein?

Sol Tyger denn vnd Rha auff vnsern Meyneyd fluchen
Mit dir stirbt leider! vnser Ehr!
Erhält der Reussen Fürst diß auff sein hoch ersuchen
Traut vns/ wer Athem holet mehr?
Wird nicht die Nachwelt ewig auff vns schreyen
Vnd für vnd für anspeyen?
Wer wird den neuen Bund der durch so vil bemühn
Kaum in sein Wesen bracht; nicht in den Zweifel zihn?

Ha! was erwegen wir! wer darff sich vnterstehen
Zu tadeln was vns billich scheint?
Pflegt nicht das heilge Recht ans Königs Hand zu gehen
Weil recht was der gekrönte meint?
Gesetzt auch! daß wir etwa vns beflecken!
Der Purpur kan bedecken.

Man wird durch Majestet vnd Sonne so verblend't;
Daß man so wenig der/ als jener feil erkent.

Kan wer/ der bey Verstand/ den Zwang der Libe schmähen?
Sie ists die vns gebunden hält!
Verbind vns nicht die Cron auff Persens Heil zu sehen;
Das durch der Frauen Freyheit fält.
Entschuldigt den der sigt vnd auch gekrönet/
Doch den ein Weib verhönet!
Rach/ Lib vnd Zepter sind die vnser Hertz bekrigt.
Rach/ Lib vnd Zepter sind die vber vns gesigt.

Chach Abas. Imanculi.

Komm't Imanculi dar? recht! stracks geh' vnd erkläre
Gurgistans Königin/ daß Abas jhr gewehre
Die Freyheit die sie sucht/ vnd seine Cron darzu/
Doch/ daß sie auch was wir bißher gefordert/ thu.
Der Zepter ist vor sie: wo sie was Persen lehret
Zu glauben sich entschleust/ vnd Abas der sie ehret/
Der Heyrath wuerdig schätzt. Taug jhr der Vorschlag nicht!
So werd' (vnd bey Verlust deß Kopffs) in eil verricht
Was diß Papir dich heist. Laß dich nicht eher schauen
Als nach vollbrachtem Werck. Ach was beklämmt vor grauen
Die abgekränckte Brust! verzeuch! geh hin! Ach nein!
Halt in! kom her! ja geh! es muß doch endlich seyn.

Reyen der gefangenen Jungfrauen

Süsses Land das wir gegrüsset
Als der Tag vns angelacht;
Das mit vns die Freyheit misset/
Vnd in Persens Banden schmacht;
Laß nu ab von langem Klagen
Vnd verkehr' in Lust dein Zagen.

Richte die zerschellten Glider
Auß der Aschen frölich auff!

Dichte neue freuden-Lider/
Weil dir nun in vollem Lauff
Deine Wolfart wil begegnen
Vnd mit höchster Lust dich segnen.

Ob dein Zepter Stab vnd Crone
Vorhin in den Staub verfil;
Doch setzt der/ der Reich vnd Throne
Handhabt deiner Angst ein Zil!
Vnd wil dir/ durch die du leben
Einig kanst/ jtzt wiedergeben.

Strenges Persen sey gesegnet!
Rufft: Georgien glück zu!
Himmel! jhr habt außgeregnet!
Winde legt euch nun zu Ruh!
Last mit Jauchtzem-vollen Lachen
Vns deß Heimzugs Anfang machen.

Heute sihst du vns zu letzte/
Reiches Chiras! gute Nacht!
Ob es Ispahan nicht schätzte;
Gott hat doch vns wiederbracht.
Vns wird nicht vor Sirvan grauen
Da sie Thürm auß Köpffen bauen[20].

Auß der Edlen Todtenköpffen
Die das grimme Schwerdt auffraß.
Last vns etwas Ruhe schöpffen
Wo die keusche Fürstin saß[21]
Die vil liber wolt ihr Leben
Als die Jungferschafft hingeben.

Nymphen die ihr vmb die Wipffel
Der besteinten Felsen springt;
Die jhr vmb die grünen Gipffel

Der bejahrten Palmen singt;
Last euch weit vnd breit zu Ehren
Eurer Catharinen hören.

Preiset nicht nur jhre Sige/
Vnd den nie erschreckten Mutt/
Nicht die ehren-reichen Züge/
Vnd jhr nie beflecktes Blut.
Singt daß sie in Angst genesen
Vnd in Banden frey gewesen.

Singt daß sie das rauhe Toben
Deß erhitzten Grimms verlacht;
Daß sie das geschmünckte loben
Der verlibten Lust veracht;
Daß sie/ ob sie gleich gebunden/
Reich/ vnd sich/ in sich gefunden.

Die Vierdte Abhandlung

Catharina.
Der SchauPlatz verändert sich in der Königin Zimmer.

CATH. Wie wenn der Donnersturm der Wetter sich verzogen/
Wenn nach der Blitzen Knall/ der Wolcken Nacht verflogen/
Der Tauben matte Schar sich an der Sonn' ergetzt/
Vnd Rück vnd Flügel die deß Regens fall durchnetzt
Abtrocknet bey der Wärm/ vnd die verscheuchten Jungen
Lockt auß deß Felsen Klufft mit girrend-trüber Zungen;
So hoffen endlich wir nach Schmertz vnd herbem schmähn
Nach Kercker vnd Verlust die freye Lufft zu sehn.
So tretten wir zu Hauff/ wir abgekränckte Frauen:
Vnd lassen vns benetz't von eignen Thränen schauen.
So suchen wir die Last die vns so hoch beschwert
Zu werffen von dem Halß' vnd was den Geist verzehrt/
Zu reissen von der Brust. Doch! wie vil sind verschwunden/
In seufftzen Ach vnd Schmertz! ehr sie das Licht gefunden
Das vnsre Nacht vertreibt! das dise Thor auffbricht
Das von der Bar vns reist'/ vnd ledig-freye spricht!
Wie vil sind in dem Stanck der Kercker hingegangen?
Wie vil sind ehr man noch den Kercker kont' erlangen
Verschmachtet auff dem Zug. Der Räuber jhr Gewin
Fil mat von Staub vnd Sonn'/ vnd Durst vnd Ketten hin!
Ein halb verschmachtet Kind sog auß den todten Brüsten
Der Mutter laues Blut. Die sterbend' Augen grüsten
Den Freund zu gutter Nacht/ der sie nicht schlissen kont
Weil jhm so Herr als Band die kurtze Pflicht mißgont.
Man schleifft' in einer Kett' hir lebend hir verschiden/
Hir was verscheiden wolt'. Es suncken auff die müden/
Den Krafft vnd Geist entwich. Man scharrt' in einen Sand

Halb Tod- vnd Todten ein/ man schmettert an die Wand
Was auff der Mutter Arm verschmacht' in schärffstem Leiden/
Liß vngeborne Frücht' auß schwangern Leibern schneiden/
Hir fand man Felder vol gespister Leichen stehn/
Dort sah ein bluttend Weib den Man zum Tode gehn.
Die Flamme die bey Nacht für lichte Fackeln diente;
Versängte nicht Paläst/ nicht was auff Wisen grünte.
Der Gurgistaner Schar die Abas überwand/
(Doch mehr durch List als Macht) kracht in demselben Brand.
  Doch seelig die der Fall deß Vaterlands bedecket!
Die jhr Gewissen nicht/ auch nicht den Leib beflecket/
Als nur mit keuschem Blut/ das auß den Wunden floß/
Das man vor Freyheit/ Herd vnd Kirch' vnd Gott vergoß.
O seelig die der Strom deß ersten Grimms verzehret!
O seelig den der Tod im hinzug ist bescheret!
Der nicht der Persen Reich/ nie jhrer Fürsten Stadt
Nie jhres Königs Burg/ nie den Palast betrat.
Dem nie sein zartes Kind für Augen mißgebrauchet!
Der nicht bey ferner Glut in höchster Qual verrauchet!
Der nicht/ eh' er erstickt/ gepfählt ward in dem Grab!
Der nicht für Lebens-Lust den Heiland übergab!
Wie vil hat der Tyrann durch Dreuen/ Trotz vnd bitten
Durch Gaben/ Lust vnd Zwang/ vnd Folter nicht bestritten!
Vnd endlich vnterdrückt! wer wündtschte nicht den Tod
Für diser langen Qual vnd steten jammer Noht?
  HErr daß dein' arme Magd noch unverletzt gestanden;
Ist dein/ nicht Menschen Werck. Der Cörper ist in Banden;
Doch find der Geist sich frey/ der durch vil Creutz bewehrt
Doch/ weil du für vns wachst/ durch keine Glut verzehrt!
Du sihst daß weder Tod/ noch der Verlust der Crone/
Noch Vntergang deß Reichs/ noch diß/ in dem ich wohne/
Diß Angsthauß/ noch die Pracht die Persen vns verspricht/
Noch Strom der Tyranney der alles schlegt vnd bricht/
Mich reissen mag von dir. Sol denn die Kett' auffspringen;
Wilst du vns wieder heim nach schwerem Elend bringen;
So gib daß vnser Schiff das auff den Wellen stund

Nicht geh' auff stiller See vnd in dem Port zu Grund.
Dient Meine Freyheit dein unendlich Lob zu mehren;
So gib daß ich gekrönt mein König dich mög ehren.
Hab ich für Kirch vnd Land denn nicht genung gewagt/
Vnd wilst du meine Leich; hir bin ich/ deine Magd.

Salome. Catharina.

SALO. Der Fürst deß grossen Hoffs (O längst gewündtschte Stunden!)
Sucht jhre Majestet. Wir haben nun gefunden
Was offt begehrt. Er macht an Abas stat vns loß.
CATH. Regire dein Gemütt. Die Freud ist vil zu groß!
Chach wird die Freyheit vns so wolfeil nicht verkauffen.
Wie daß die Thränen vns von beyden Wangen lauffen?
Welch' eine frembde Bürd! Ach! fällt auff dise Brust!
Was drückt den trüben Geist vnd dämpfft die neue Lust?
Die Wehmut ist gewiß ein Vorspiel neuer Schmertzen.
SALO. So gehts wenn Hoffnung kämpfft mit Furcht in einem Hertzen.
CATH. Wir hoffen nicht zu vil vnd fürchten nicht zu sehr
Geht last den Fürsten ein.

Imanculi. Catharina.

IMAN. Der Printz dem Sig vnd Ehr
Vnd Macht vnd Recht zu Dinst/ Durchlauchtigste der Frauen
Gibt jhr durch mich sein Hertz vnd milde Gunst zu schauen/
Vnd schenckt jhr Cron vnd Reich das sie vor dem verlor
Eh sich das frembde Glück auff ihren Fall verschwor/
Daß sie als auß der Grufft noch prächtiger erstünde
Vnd Zepter durch Verlust der Stül vnd Zepter/ finde.
So sinckt das Licht der Welt in die Guineer See/
Vnd steigt mit neuem Glantz wenn die gespitzte Höh
Der Felsen sich entfärbt. So raubt der Winter rasen
Der edlen Gärte Zir. Wenn süsse Lüffte blasen
Geht alles schöner auff. Man streut den Samen ein
Der hundertfach sich mehrt wenn der gewündtschte Schein
Der Sonnen/ Erndte macht. Sie ist dem Land entgangen
Das für sie nur zu schlecht. Sie hält das Glück gefangen

Das sie gefangen hilt. Chach Abas räumt jhr ein
Was zwischen beydem Pont. Doch diß ist noch zu klein
Für die/ die mehr verdint von Abas zu empfangen/
Von Abas/ welchen sie/ Großmächtigste gefangen.
Gantz Persen felt jhr heim vnd Chach beut jhr die Hand
Die Persens Zepter trägt zum vnverfälschten Pfand
Der Königlichen Eh! ich wündtsche zu der Crone/
Dem numehr freyen Stand/ vnd zu der Parthen Throne
Vnd der so hohen Freud vnd Heyrath sonder gleich;
Ein ewig blühend Glück/ vnd jmmer wachsend Reich.

Cath. Daß Imanculi sich so tief geneigt beflissen/
Ein Arm gefangen Weib in gröster Noth zu grüssen;
Erkent mit höchstem Danck die/ die nicht dancken kan
Als mit verbundnem Geist. Der König beut vns an
Was ewig Catharin nicht willens zu empfangen.
Vnd nicht empfangen muß. Wir wündtschen vol Verlangen
Daß Abas vns erhör. Bricht er die Kett' entzwey/
Vnd schenckt vns Gurgistan; so sind wir warlich frey/
Vnd fallen jhm zu Fuß vnd küssen seine Hände/
Vnd schweren Trew' vnd Dinst biß zu deß Cörpers ende
Doch wil er daß der Geist nicht Christlich sich erklär;
So wird die Freyheit vns mit Persens Cron zuschwer.
Wir rühmen sein Gemütt/ das vns zu hoch wil ehren:
Doch leider kan der Geist von keiner Freyheit hören/
Die vns von disem trent/ der sich mit vns vermählt/
Der vns diß Leben gab vnd vnser Har gezehlt.
Vil besser daß diß Fleisch verschmacht in tausend Schmertzen!
Vil besser daß diß Blut auß auffgeschlitztem Hertzen
Die Erd' vnd Hencker färb'. Als dises Reich verschertzt
In dem kein Elend herrscht das in der Welt vns schmertzt!

Iman. Durchlauchtigste/ warumb wil sie die Gunst ausschlagen
Die vber Gunst der Welt? was kan sie Chach versagen
Der sich jhr selber schenckt. Läst sie diß Glück entgehn?
Kan Ihr jhr Christus wol so vil im Lichte stehn?

Cath. Der Fürst vermeld' vns doch! was denckt vns Chach zu geben!
Was hat er mit vns vor? wehn sucht er zu erheben?

Was nutzt so Ehr als Glück? gesetzt daß es gescheh
Daß Abas vns geträmt von Christus Läger seh!
Wo wolt er mit vns hin? Er heiß vns frey genissen/
Was reicher Vberfluß liß in sein Schatzhauß schlissen!
Was Freund vnd Vnterthan' vnd vberwundne Macht
Freywillig/ auff begehr/ vnd hochgedrungen bracht!
Es dient doch nur allein den leeren Mund zu füllen
Vnd den entblösten Leib mit Kleidern zuverhüllen.
Da wir nun JEsu trew/ vnd bleiben Abas Magd;
So wird vns ja von Chach nicht Brodt nicht Tuch versagt
Das jeder Sclav' empfing. Man zeigt vns seine Kammer
Vnd rufft vns auff sein Bett'/ in dem mit furchtbarn Jammer/
Wir jhm an Beyschlaffs stat/ zu Schand' vnd Hohn verpflicht
Gleich andern den er Hold. Es sey auch daß er nicht
Als durch ein festes Band vnd eine Lib' vns ehre/
Vnd küß in keuscher Eh' vnd vnsern Ruhm vermehre
Auff Persens güldnem Thron! was trüg es vor Gewin?
Man nent' vns Königin. Das sind wir ja vorhin!
Vnd dörffen/ daß man vns solt' eine Cron auffsetzen/
Nicht deß Gewissen Recht nicht Gottes Huld verletzen
Auch jsts vergebne Müh' vns mit der Erden Lust
Zu locken; als wir frey als die noch zarte Brust
Nicht durch die Angst versehrt; hat vns erlaubt ergetzen
Mit Vberfluß erquickt/ was nicht erlaubt; das schätzen
Wir als Kott/ Schmach/ vnd Fluch/ ja vnser Glaub vnd Stand
Erschrickt für toller Freud' vnd was deß Königs Hand
Der müden Seele zeigt. Man ding't vmb vnser Ehre!
Vnd beut vns Rauch vnd Dunst. Man sucht deß Höchsten Lehre
Zu dämpffen durch den Tand! vnd für den Wind der Zeit
Zu rauben den Besitz der heilgen Ewigkeit?
Die aller Götter Gott (der nie den Eyd gebrochen),
Vns/ seiner ärmsten Magd auß treuer Gunst versprochen.
Wenn wir (doch laß vns eh der Himmel vntergehn!
Eh'r müsse dises Fleisch auff lichten Flammen stehn!)
Gereitzt durch süsse Lust/ getrotzt durch grimmes Dreuen/
Vns suchten vor dem Tod' vnd Gottes Bund zu scheuen;

Wer würd in Gurgistan/ da jhn die Angst erwischt/
Durch vnser Beyspil nicht zum Abfall angefrischt?
Was? würd ein schwaches Kind/ ein zartes Fräulein dencken/
Sol mich die grimme Pein biß zu dem Mord-Pfahl krencken?
Wenn Catharine selbst den Thron fürs Creutz erkohr
Vnd eh'r deß Glaubens Krantz' als jhren Leib verlohr?
Nein Libsten! da euch ja die Angst solt' vberfallen;
Sucht eurer Königin standhafftig nachzuwallen/
Nemmt Kercker für Paläst/ für Freyheit; Ketten an/
Für Reichthumb/ kiest Verlust vnd was ersetzen kan
Verwächselt mit der Qual. Wagt Freund vnd Fleisch vnd Jahre!
Erschreckt für keiner Flamm! springt auff die Todtenbare!
Küst Schwerdter die man euch durch Brust vnd Gurgel treibt!
Wenn euch der eine Schatz deß heilgen Glaubens bleibt!
IMAN. Durchlauchtigst es ist hart für einen Wahn zu sterben
CATH. Wer für die Warheit stirbt kan nimmermehr verterben.
IMAN. Der Perß vnd Jud vnd Christ ehrt gleichwol einen Gott
CATH. Der Perß vnd Jude treibt mit Gottes Sohn den Spott.
IMAN. Woher doch solte Gott ein Sohn geboren werden?
CATH. Sol der nicht fruchtbar seyn/ der fruchtbar macht die Erden?
IMAN. Er war ein sterblich Mensch den jhr Gott gleiche macht.
CATH. Der Zeit vnd Ewigkeit in seine Macht gebracht.
IMAN. Ihr sagt daß er am Creutz' elende sey gestorben.
CATH. Vnd daß er durch den Tod das Leben vns erworben.
IMAN. Daß sein erblaste Leich sey in ein Grab versteckt/
CATH. Daß er am dritten Tag auß eigner Macht erweckt.
IMAN. Wer Tod ist ligt vnd schläfft biß Gott wird Vrtheil hegen/
CATH. Der diesem Richter wird den Feind zu Füssen legen.
IMAN. Ist jrgend ein Prophet auß seiner Grufft erwacht?
CATH. Ja/ der/ durch welchen Gott Propheten hat gemacht.
IMAN. Traut sie so sehr auff den der sie bißher verlassen?
CATH. Kein Vater pflegt sein Kind/ ob er gleich strafft/ zu hassen.
IMAN. Wie lange läst er sie in disem Kummer stehn?
CATH. Ein Augenblick/ wird bald: vnd Ewig nicht vergehn.
IMAN. Last vns weil wir noch hir der Zeit vnd Welt gebrauchen!
CATH. In einem Nun wird Welt vnd jhre Pracht verrauchen.

IMAN. Gott gönt in disem Nun den Menschen ihre Lust.
CATH. Wir sind vns ausser Gott gantz keiner Lust bewust.
IMAN. Wer keine Wollust libt; sucht doch die Qual zu meiden
CATH. Die disem Leben Feind/ entsetzt sich nicht zu leiden.
IMAN. Das Leiden vnd der Tod laufft wider die Natur.
CATH. Das Leben vnd der Tod sind fest an einer Schnur.
IMAN. Der Tod siht schrecklich auß den harte Pein erbittert.
CATH. Je härter Donnerschlag; je schneller außgewüttert.
IMAN. Ein König eyfert hoch jhm angethanen Spot.
CATH. Wir ehren Persens Haupt; doch höher vnsern Gott.
IMAN. Der an dem Creutz erblich'; vnd nichts denn Creutzer gibet.
CATH. Der durch das Creutz bewehrt die Seelen die er libet.
IMAN. Sie libt was Creutzer gibt/ vnd hass't was Cronen schenckt.
CATH. Diß Creutz gibt vns die Cron die Niemand nimbt noch kränckt.
IMAN. Es ist ein falscher Wahn der jhren Geist bethöret.
CATH. Die Warheit haben wir auß Gottes Mund gehöret.
IMAN. Die Warheit in dem Fall ist leider vil zu schwer
CATH. Genung von dem. Der Fürst sag vns was anders her!
IMAN. Wil sie/ was ich mich selbst entsetze zu erzehlen?
CATH. Auß zweyen Ubeln muß man stets das minst' erwehlen.
IMAN. Sie wehle weil sie kan/ für Ubel grosses Gutt
CATH. Wir thuns! vnd wagen frisch für Gut die handvol Blutt.
IMAN. Deß gutten falscher Schein pflegt offtmals zubetrigen.
CATH. Der die Gott stärckt wird nicht die Eitelkeit obsigen.
IMAN. Ach! wil sie denn von mir deß Königs harten Schluß?
CATH. Warumb verbirgt er den/ der die jhn leiden muß?
IMAN. Princessin sie verzeih! ich thu diß Werck gezwungen.
CATH. Wir merckens! es kommt an/ nach dem wir stets gerungen.
IMAN. Es ist deß Königs Sinn/ die Worte sind zwar mein!
CATH. Nur bald! der Auffzug mehrt vnd schärfft die rauhe Pein.
IMAN. Princessin muß ich denn so hefftig sie betrüben?
CATH. Erfreuen/ grosser Fürst!
IMAN. Sie kan den Tod auffschiben!
Sie tregt jhr Leben/ Heil/ vnd Sterben in der Hand.
CATH. O Tod! gewündtschter Tod! O angenehmes Pfand!
IMAN. Die grause sterbens Art/ ist grauser als das Sterben.

CATH. Gott muste selbst sein Reich durch grause Pein erwerben.
Zagt nicht/ geehrter Fürst! schlagt vns die Schmertzen für
Wir finden vns bereit.
IMAN. Sie lese diß Papir.
CATH. O freudenvolle Schrifft! O auffgelöste Bande!
O vberreichte Cron! O abgelegte Schande!
O Freyheit meiner Seel! O längst verhoffte Ruh!
O ewig Königreich! O Vaterland! glück zu.
Die Marter (wir gestehns!) scheint freylich nicht zu tragen
Doch was kan solch' ein Geist den JEsus stärckt nicht wagen!
Durch jhn hat auch ein Kind der Hencker Trotz verlacht!
Ohn jhn/ hat Menschen Krafft auch sonder Noth/ gekracht!
Ade! geehrter Fürst! last vns den Kampff vollenden
Vnd in die Ruh eingehn.
IMAN. Könt ich den Vnfall wenden!
Stünd' es in meiner Macht; kein Mittel wer zu schwer/
CATH. Wir wissens! diser Streich rührt von Chach Abas her!
Doch kan der Fürst vns noch mit letzter Gunst verbinden;
Er dulde das/ wofern ein Prister sey zu finden
Der JEsum mit vns ehrt/ er auff der Burg erschein/
Als vnsers Glaubens Zeug' vnd Beystand in der Pein.
IMAN. Ich geb es willig nach! doch wenn sie zubewegen
Wenn sie die Lust vnd Angst wolt' endlich überlegen
Wenn sie!
CATH. nicht mehr von dem! wir wissen Abas Danck/
Daß er nach so vil Ach/ vnd langer Kercker Zwang/
Vns seine Cron aufffträgt/ vnd weil wir die ausschlagen/
Veranlast nach der Cron der Ewigkeit zu fragen.
IMAN. Ade denn wertte Fraw! die bessern Glückes wert
CATH. Diß ist das höchste Glück das heut vns widerfährt.

Catharina.

O Haupt vnd Feldherr deiner Glider!
Der du den Kampff für vns versucht/
Vnd durch dein Blut/ was Gott verflucht/
Gesegnet: für dir fall ich nider!

Nimm' an was ich nun dir zum Opffer sol vergissen
Mein zwar durch Schuld beflecktes Blut.
Doch durch dein Blut wird rein vnd gut
Was auß den Adern muß zu deinen Ehren flissen.
Das zarte Fleisch bebt ob den Plagen!
Vnd zittert für der rauhen Noht;
Der frische Geist rufft nach dem Tod
Behertzt der ängsten Angst zu tragen!
Ach! daß nur einmal mir vergönt für dich zu sterben!
Die kurtze Pein ist ja nicht wert
Der Ehren die du mir beschert
Daß mein/ doch nichtig nichts/ muß dir zu Ruhm verterben.
Verterben! nein! es wird erhalten
Mein Bräutgam! was man für dich wagt!
Die haben den Verlust beklagt/
Die in der Erden Lust veralten.
Wer wil nicht was die Zeit vns endlich doch wird nehmen
Als ein Geschencke dem vertraun?
Den wir unsterblich werden schaun
Vnd der vns ehren wird wenn sich die Welt wird schämen.
Ach Heyland! laß mich nu nicht wancken!
Nun mir der letzte Feind zusetzt
Vnd alle Marter auff mich hetzt!
Ach stehe bey in disem Schrancken!
Beut du mir selbst die Faust vnd hilff mir vberwinden
Alleine bin ich vil zu schwach/
Mit dir wil ich durch Angst vnd Ach
Den Sig/ das Licht/ den Weg/ zu dir/ Erlöser/ finden.
Beherschten Reiche! seyd gesegnet!
Gott beut mir höher Cronen an.
Diß was die Welt nicht geben kan/
Die Freyheit ist mir heut begegnet.
Mein Kercker! eingeweyht durch seufftzen-schwangre Thränen
Den auch mein Blut besprengen soll/
Ade! nun wird der Seelen wol
Die auff die Stunde fühlt erfüllt ihr langes sehnen.

Catharina/ Salome mit dem gantzen Frauen-Zimmer. Der Blutrichter mit den Soldaten vnd Henckern.

CATH. Wir Salome sind frey! der Höchste reist die Bande
Deß langen Kerckers auff! vnd führt vns auß dem Lande
Da Tod vnd Marter herscht/ in das gewündtschte Reich/
Der ewig steten Lust. Wir lassen dise Leich
Dem Chach zum Lösegeld. Der Geist ist dem befohlen
Der vns ins Vaterland wil auß dem Elend holen
Nemm't jhr das Ebenbild der leidenden in acht;
Vnd habt von vns zu letzt/ O Libsten! gute Nacht!
Ihr habt mit vns behertzt das schwere Joch getragen!
Der Donner der vns traff/ hat auch nach euch geschlagen!
Dennoch blib eure Trew' vom Weter vnbewegt/
Ob wir schon in dem Staub von vnserm Thron gelegt!
Habt danck für disen Dinst/ den wir jtzt nicht belohnen!
Wir wolten (möcht es seyn!) nicht vnsers Bluttes schonen
Wenn euch zu helffen wär! Ach/ aber vns're Cron
Fil mit der Freyheit hin! das Glück hat Gut vnd Thron
Vnd Schätz vnd Geld geraubt! wir haben nichts behalten
Als den gebundnen Leib der jtzund soll erkalten!
Ach! lernt wie vnversehns der Erden Lust vergeh!
Auff wie nicht festem Grund' all vnser Hoffen steh'
Vnd schlagt was euch die Welt; was Abas an mag bitten
Großmüttig auß der acht! es sind nur reine Sitten
Die den geruffften Geist begleiten für Gericht
Wenn Gott nach vnserm Thun/ den letzten Schluß außspricht.
Ade! traurt nicht vmb vns! wir sind nicht zubeweinen!
Der HErr! der Herren HErr wird vns voll Lust erscheinen
Wir gehn durchs Finsternüß zu Gott der Licht von Licht
Beschwer't doch vnsern Tod mit euren Thränen nicht.
Beklagt die/ die sich hir ob jhrer Sünd ergetzen/
Vnd auff vergänglich Gut den Grund der Hoffnung setzen/
Es ist nicht winselns Zeit/ glaubt! es ist jauchtzens wert
Daß vnser Bräutgam vns die Marter-Cron beschert.
SALO. Ach! hat vns Reussen diß/ hat Perß vns diß versprochen!
CATH. Chach hat nicht heut auffs erst was er versprach gebrochen!

SALO. Hilff JEsus hilff! sol diß nun vnser Heimzug seyn?
CATH. Ja freylich! ja! wir gehn zu Gott ins Leben ein.
SALO. Muß jhre Majestet so kläglich von vns scheiden!
CATH. Man muß was JEsus schickt/ ohn widerwillen leiden.
SALO. Ich glaube Gott verstopfft für vns sein gnädig Ohr.
CATH. Geduldig Salome! schreib nicht dem Höchsten vor.
SALO. Ich bin behertzt mit jhr mein Leben zu verliren
CATH. Gott heist vns nur allein/ nicht dich zur Marter führen.
HErr wir gehn willig hin! welch Eyfer steckt vns an!
Wer ist der über vns mit Vrsach weinen kan?
Mißgönt man vns die Cron? wir fangen an zu leben
Vnd trotzen Perß vnd Tod! wer wil den Mutt begeben?
Schaut JEsus geht voran! ein Augenblick beschwert
Die Ewigkeit erquickt. Creutz/ Messer/ Zang vnd Herd
Sind Staffeln zu der Ehr'. Itzt wird der Traum erfüllet
Der/ als vergangne Nacht vns Sorg vnd Schlaff vmbhüllet;
Auff disen Außgang wiß. Gurgistans Reich ist hin!
Wir haben von der Cron nur Dornen zu Gewin!
Nur Dornen! die wir noch als alle Lust verschwunden
Den Rosenblättern gleich/ auff disem Har gefunden
Die Thränen filen vns als Perlen auff die Schoß/
Als diser Augenbrun schir vnauffhörlich floß.
Der Purpur ist entzwey/ der Zepter gantz zustücket;
Als man vns von dem Thron in Staub vnd Stock gedrücket!
Vmbsonst sind Meurab/ Reuß vnd Tamaras bemüht
Zu wenden vnser Leid das vnauffhörlich blüht/
Vnd täglich fruchtbar wird. Der endlich an vns setzte
Vnd auß den Dornen riß/ vnd (wie es schin) verletzte;
Ist (Zweifels ohn) der Tod. Die Lust die vns empfing
Als der geschwinde Sturm der Wetter vberging
Zilt auff das seel'ge Reich das JEsus vns erworben.
Auff! Gott schenckt vns die Cron wenn wir/ wie Er gestorben!
SALO. Ach! wie wird Tamaras der wertte Fürst gequält
Der leider! alle Tag vnd Augenblicke zählt/
Der jede Stunde wündtscht der Mutter Hand zu küssen
Der Mutter! die (O Gott!) hir muß jhr Blut vergissen!

O grosser Printz! vmbsonst ist was man kan versucht!
Eu'r vnauffhörlich fleiß trägt leider! herbe Frucht.

CATH. Wird er/ wie jeder sol/ Gott vber alles liben;
So kan sein Hertze nicht der Vntergang betrüben.
Wofern er nicht für Gott die Mutter wagen kan;
Ist er nicht vnser Kind vnd geht vns gantz nicht an.
Ade! die Zeit verleufft! nemmt dise letzte Küsse/
Ihr die ich zwar in Arm doch mehr ins Hertz einschlisse/
Der vns nun von der Welt vnd eurer Seiten nimm't
Hat wie vnd wenn jhr vns nachfolgen solt bestimmt.
Cassandra nimm den Ring. Ihr/ dise Perlen schnure;
Den Demant Salome/ Serena die Saphire.
Nemmt an zu guter Nacht die Steine von dem Har/
Die Ketten vnd was noch von Schmuck vns vbrig war/
Vnd denckt an vnsern Tod. Hirmit bleibt Gott befohlen!
Wofern der Höchst euch noch wird in Gurgistan holen;
So zeigt dem Tamaras vnd allem Land-Volck an;
Der möge nicht vergehn der wie wir sterben kan.

BLUTR. Princessin man begehrt jhr in dem grossen Sale
Der Prister ist bestellt.

CATH. Last auß dem Jammerthale
Last auß der Hell' vns gehn! was sind die Thränen noth!
Was macht jhr?

JUNGF. Wertte Fraw wir wündtschen vns den Tod
I. Sol jhre Majestet so kläglich von vns scheiden?
II. So kläglich vntergehn. III. O mehr denn herbes Leiden!
IV. Bißher hab ich mein Land vnd Eltern nur beklagt;
Sie war stat beyder mir/ sie die von Trost vns sagt/
Wenn schir das Hertze brach. Mit jhr fil vns die Bürde
Princesse ja nicht schwer. Es schin kein Vnfall würde
In jhrer Gegenwart vns vnerträglich seyn:
Nun greifft der neue Schmertz vns in die Seelen ein/
Vnd reist die Wunden auff die kaum die Zeit gelindert.
Die Glut der Angst entbrent/ die Hoffnung ist gemindert
Was sag ich? Sie ist hin! wer hilfft vns ferner? Cath. Gott
Der aller Vater ist/ der Waysen auß dem Kott

Vnd Witwen auß dem Staub/ vnd Todten von der Bare
Kan retten/ wenn Er wil. Glaubt daß Er euch beware
Vnd bleibt jhm Ewig trew.

SALO. Ach kans nicht möglich seyn;
Daß wir zu vnserm Trost beywohnen jhrer Pein?

BLUTR. Drey mögen/ vnd nicht mehr/ sie in den Sal begleiten

JUNGF. Ach last vns mit.

BLUTR. Ich darff Befehl nicht vberschreiten,
Es kostet meinen Kopff.

CATH. Stelt euren Geist zu Ruh
Vnd setzt vns ferner nicht mit trübem Weinen zu.
Wir haben satt gelebt/ vnd können nichts begehren
Das vns die grosse Welt noch mächtig zu gewehren.
Wir haben Kirch vnd Cron beschützt mit Rath vnd Schwerdt
Armenien beherscht. Der Persen Land verhert/
Deß Schwehers trüben Fall/ deß Libsten Blut gerochen/
Der blinden Libe Joch deß Todes Pfeil zubrochen.
Vnd steigen in der Blütt deß Alters auff die Bar
Doch mehr als im Triumph zu vnserm Schlacht-Altar.
Wo wir diß vnser Fleisch zum Opffer vbergeben
Dem der sich selbst für vns liß in ein Holtz erheben.
Die Erden stinckt vns an/ wir gehn in Himmel ein.
Betrübt euch Libste nicht! die Pein ist sonder Pein!
Die Zähren schwächen schir die vnbewegten Sinnen!
Wil man euch vnsern Tod zu schauen nicht vergönnen?
Gedult! doch dint jhr vns in disem Zimmer mehr
Fallt Gott für vns zu Fuß/ wündtscht daß Er vns erhör/
Vnd selber kämpffen helff'/ vnd Stärck' in Angst verleihe/
Daß er begangne Schuld/ die vns befleckt/ verzeihe
Vnd vns im Tod erquick' vnd rett' auß allem Leid.
Ade mit disem Kuß biß in die Ewigkeit.

Reyen der Tugenden/ deß Todes vnd der Libe.

DIE TUGENDEN.
Erschreckte Sterblichen; welch Zittern stöst euch an?

Wenn man dem zarten Fleisch zusetzet/
Vnd Schwerdter auff die Hälse wetzet;
Wie daß jhr so verzagt ob dem was tödten kan!
Muß man diß leben lose Leben
Den Jahren nicht zur Beute geben?
Warumb denn so gelibt was man verlihren muß?
Wie daß jhr doch nicht auff wolt setzen
Vor diß was Ewig kan ergetzen/
Die Vnruh/ dise Last/ die Thränen/ den Verdruß!
Erbebt vor dem/ der Leib vnd Seele
Kan in deß grausen Abgrunds Höle
Durch ein erzörntes Wincken stürtzen
Vnd euch was ewig lebt abkürtzen.

TOD.
Diser Pfeil der mit dem Blut
Gottes selbst genetzt/
Der mich vmbpfing euch zu gut
Heilt wenn er verletzt!

LIBE.
Diser Pfeil der durch das Hertz
Gottes selber drang/
Tödtet Furcht/ vnd Qual/ vnd Schmertz
Vnd der Folter Zwang.

TOD.
Dise Fackel leuchtet zwar
Euch auß diser Welt;
Dennoch führt sie von der Bar
In deß Himmels Zelt.

LIBE.
Diser Fackel heisse Glut
Steckt die Geister an

Daß man mit entbrandtem Mutt/
Vor Gott tretten kan.

Tod.

Wem vor disem Bogen graut
Kent noch Welt noch sich;
Wer die Erden recht durchschaut
Wündtscht nicht mehr als mich.

Libe.

Wer nicht disen Bogen libt
Kent noch sich noch Gott.
Vnd bleibt hir vnd dort betrübt
Ja ist lebend todt.

Tod.

In mein weisses Ehrenkleid
Ward Gott selbst verhüllt
Als Er eurer Seelen Leid
Durch sein Leid gestillt.

Libe.

Meine Purpur ist gefärbt
In deß Höchsten Blut
Als Er euch am Creutz ererbt
Ein unendlich Gut!

Tod.

Schliß ich euch die Augen zu;
So schlisst ihr vilmehr
Dises streiten sonder Ruh/
Disen Kampff ohn Ehr!

Libe.

Wem für meiner Flammen Macht
Erstarrt Aug vnd Licht;

Siht in heylig-höchster Pracht
Gottes Angesicht.

TOD.
Die jhr in den Banden schmacht
Wendet euch zu mir
Ich brech auff der Kercker Macht/
Oeffne Block vnd Thür.

LIBE.
Wündtscht ihr euch von Banden frey:
Kommt zu mir allein.
Libe sprengt die Kett entzwey/
Bricht durch Stahl vnd Stein.

TOD.
Hass't jhr dises Thränenthal:
Bitet mir die Hand:
Ich führ auß dem Folter-Sal/
In das Vaterland.

LIBE.
Eilt jhr in das Reich der Lust
Ich geh euch voran!
Mir ist diser Weg bewust
Den man tretten kan.

TOD.
Was ist stärcker als der Tod!

LIBE.
Libe gilt noch mehr!

TOD.
Der Tod endet Leid vnd Noht

LIBE.
Libe krönt mit Ehr!

TOD.
Der Tod hebet alles auff!

LIBE.
Nur die Libe nicht!

TOD.
Wenn sein Pfeil in vollem Lauff;

LIBE.
Den die Libe bricht.
Reine Lib' herscht für vnd für

TOD.
Die durch mich bewehrt.
Libe.Trägt der ew'gen Crone Zir

TOD.
Die durch mich beschert.
Hab ich nicht Gott selbst bezwungen

LIBE.
Nach dem ich jhn band:

TOD.
Den ich an das Creutz gedrungen/

LIBE.
Ich bott dir die Hand/

TOD.
Rechtschaffne Libe wird nur in dem Tod erkennet:

Libe.
Wer libt wird durch den Tod von Libe nicht getrennet

Tod.
Der libt ohn alle falsch wer biß zum Tode libt;

Libe.
Wer libend stirbet wird nicht durch den Tod betrübt.

Die Tugenden.
Wer biß zum Tode libt wird ewig stehen/
Vnd kan im Tode nicht vergehen.
Es hilfft nicht daß man kämpff vnd ringe
Das Ende krönet alle Dinge/
Wer angefangen/ muß vollbringen/
Wo er ein Sige-Lid wil singen.
Wer biß zum Brand-Pfahl Gott getreue
Wer nicht für Zang vnd Schwerdt ist scheue/
Wer mit der Grufft verwechselt Stat vnd Thron
Derselb erlangt die herlichst Ehren-Cron.

Die Fünffte Abhandelung

Cassandra. Serena. Das FrauenZimmer. Die Verschnittenen.

CASS. O seelig die der Fall Armeniens bedecket!
O seelig die der Perß an einen Pfahl gestecket!
O seelig die im Brand von Gurgistan verfil!
Die in dem Dampff erstickt! der nicht das trübe Zil
Bis auff den Tag verruckt/ wol dir wo du erblichen!
Weh! wo der matte Geist auff kurtze Zeit entwichen
Vnd auff den Hencker Platz/ auff diser Thränen Fluß
In dise Marter See sich wieder finden muß!
JUNGF. Hilff ewig hoher Gott! welch Elend ist vorhanden!
CASS. Die bey der rauhen Pein der Königin gestanden
Verlor Verstand vnd Sinn als sie die Flamme sah
Vnd die bleibt unverzagt/ die zwar dem Tode nah
Doch noch nicht sterben kan.
JUNGF. Bringt Essig/ helfft sie kühlen
Bringt Balsam! sie begint die frische Lufft zu fühlen.
Seren!
SERE. O Königin!
CASS. Seren! Sie kommt zu sich!
Der Himmel/ Ach Seren! helt leider mich vnd dich
Zu grösserm Vnheil auff/ dem mehr bestimt zu leiden;
Den läst entsetzen nicht in leichter Ohnmacht scheiden.
JUNGF. Wie hält die Königin in jhrer Marter stand?
CASS. Sie pocht den frechen Tod/ Gott beut jhr selbst die Hand/
Halt mich nicht fragend auff. Euch kan Seren erzehlen
Wie schrecklich Persen sey; wie grimmig Chach heist quälen/
Ich eile den Beschluß von disem Kampff zu sehn.
SEREN. Wo bin ich? wie ist ihr! Ach wie ist mir geschehn?
O meine Königin! darff noch die Sonne stehen
Vnd blitzt der Himmel nicht? Wenn wird die Welt vergehen

Wenn nun kein Donner schlägt? wenn reist die Erd entzwey/
Vnd schluckt die Felsen ein? wenn sie von zittern frey
Bey disem Traur-Spiel bleibt? wenn wird die Rach' erwachen
Wenn nun dein Stral nicht wil durch alle Lüffte krachen
Printz aller Printzen Fürst? das Wunder diser Zeit
Die vnbefleckte Fraw/ die schon die Ewigkeit
In jhrem Mutt beherscht/ tratt mit behertzten Sinnen
Entgegen Pein vnd Tod. Sie fühlte Glut von jnnen
Durch die sie gantz entbrand/ man fand sie unverzagt/
Ob schon die Mordschar selbst jhr herbes Leid beklagt.
Der bebt ob jhrem Geist/ vnd der schaut jhr gesichte
Mehr denn erstarrend an. Das gleich der Sonnen Lichte
Wenn es nun untergeht weit angenehmer schin.
Der Augen Majestet/ die Persen zwang zu flihn/
Der Stirnen Alabast/ die Rosenweisse Wangen
Deß reinen Halses Schnee/ vnd was den Chach gefangen
Der wolberedte Mund lockt' aller Thränen vor;
Sie dacht auff jhren Gott/ vnd schlug mit taubem Ohr
Deß Fürsten Anred auß/ der sich sie zu bewegen
Mitleidend vnterstund. Als jhr deß Pristers Seegen
Vnd Anspruch wurd erlaubt; entwich sie auff die Seit
Vnd bracht in Andacht zu was die genaue Zeit
Der engen Frist nachliß. Der sie zu stärcken dachte;
Ward starck durch jhren Mutt; so nah jhr Tod sich machte;
So freudig wurd jhr Hertz/ so stig sie auff den Thron
Vnd griff den Zepter an/ wenn sie deß Landes Hohn
In Ehr vnd Macht verkehrt; so hab ich sie gesehen
Wenn sie zu Felde zog/ wenn sie der Persen schmähen
Mit mildem Blut abwusch vnd siegend wieder kam/
Vnd den gekrönten Sohn frisch in die Arme nam.
DIE JUNGFR. Sie wird mit neuem Sig vor Gottes Antlitz prangen!
Ihr JEsus wird sie nun wie sie gewündtscht vmbfangen!
SERE. Die Mörder filen sie als grimme Leuen an.
DIE JUNGFR. Wer ist der sonder Angst diß Mordstück hören kan?
SEREN. Man riß die Kleider hin. Die vnbefleckten Glider
Sind öffentlich entblöst/ sie schlug die Wangen nieder

Die Schamröht' vberzog; vnd hilt für höchste Pein
Vnkeuscher Augen Zweck' vnd Frevel Spiel zu seyn.
DIE JUNGFR. So hat jhr Heyland selbst entblöst erblassen müssen.
SEREN. Man hiß die zarten Händ vnd Füß' in Fessel schlissen/
Vnd zwang Arm Leib vnd Kny mit Ketten an den Pfahl.
DIE JUNGFR. Ihr König schied' am Holtz' auß disem Jammerthal.
SEREN. Sie stund gleich einem Bild von Jungfern-Wachs bereitet
Das Har fil vmb den Hals nachlässig ausgebreitet/
Vnd flog theils in die Lufft/ theils hing als in der Wag
In dem man auff der Brust spürt jeden Aderschlag.
Der Hencker setzt in sie mit glüend-rothen Zangen/
DIE JUNGF. Hat der gelinde Gott so grause That verhangen?
SEREN. Vnd griff die Schultern an/ der Dampff stig in die Höh
Der Stahl zischt in dem Blut/ das Fleisch verschwand als Schnee
In den die Flamme felt. Doch sie/ in dem man zwickte
Vnd von der Armen Röhr die flachen Mausen rückte
Rief;
DIE JUNGF. Himmel steh vns bey!
SEREN. Erlöser gib Geduld!
Ich nehme dises Pfand der ewig-treuen Huld
In tif'ster Demut an/ Ich/ die mit offnen Sünden
Die Flammen/ die dein Zorn vnendlich heist entzünden/
Durch meine Schuld erwarb/ bin nicht der Gnade werdt
Zu leiden für dein' Ehr: Es ist ein schärffer Schwerdt
Mit dem dein ernster Grimm pflegt Laster abzustraffen.
Was fühl'te nicht dein Geist als du vor mich entschlaffen/
Als deine Seel in Fluch vnd Todes Angst verfil
Vnd sich verlassen fand? mein Schmertz ist Kinderspil!
DIE JUNGF. So läst sich Gottes Krafft in Gottes Kindern mercken.
So pflegt der starcke Geist das schwache Fleisch zu stärcken.
SEREN. Die Stücker hingen nu von beyden Schenckeln ab;
Als man jhr auff die Brust zwey grimme Züge gab.
Das Blut sprützt vmb vnd vmb vnd leschte Brand vnd Eisen/
Die Lunge ward entdeckt. Der Geist fing an zu reisen
Durch die/ von scharffem Grimm new auffgemachte Thor.
Mich stiß entsetzen an. Das klingen in dem Ohr/

Der Stirnen kalter Schweiß/ das zittern aller Glider
Nam plötzlich überhand. Die trüben Augenlider
Erstarten nach vnd nach. Ich nam nichts mehr in acht
Vnd bin/ ich weiß nicht wie/ auff disen Platz gebracht.
DIE JUNGF. Auff! last vns da erlaubt die Leiche zubegraben/
Sie mit dem letzten Kuß vnd Thränen Dinst begaben;
Kommt/ hüllt was übrig ist/ die auffgedeckten Bein/
Vnd den zerfleischten Leib in reine Seyden ein.

Der Blutrichter. Salome. Catharina. Der Priester. Die Hencker.
Der Schau Platz verändert sich in den Vorhoff deß Palasts.

DER BLUTR. Eilt setzt den Holtzstoß auff. Bringt Pech/ bringt Holtz-
gebünder
SALO. Ach! wüttet höher nicht.
BLUTR. Ich muß.
SALO. Ach geht doch linder
BLUTR. Ihr! holt die sterbende/ noch eh Sie gantz vergeh!
SALO. Gott der du alles sihst/ sihst du nicht vnser Weh!
Ach! last zum minsten vor die Königin erblassen!
Was hat der Zangen Brand dem Feuer vberlassen?
Als halb verzehrte Bein? Ach gönt die letzte Ruh
So hoch-gebornem Blut. Last der Princesse zu
Was nie ein Feind dem Feind auß Vbermut versaget/
Vergönt daß sie von vns zu guter Nacht beklaget
Erlang ein schlechtes Grab.
BLUTR. Es muß nicht anders seyn!
SALO. O Hertzen von Metall! O vbergrimme Pein!
Princessin! Ach mein Licht! Ach vorhin meine Wonne!
Princessin! gutte Nacht! O scheint vns noch die Sonne
Vnd bricht die Erden nicht.
CATH. Willkommen süsser Tod!
Der Prist. Princesse! Sie gedenck an JEsus letzte Noth.
SALO. Princesse! noch ein Wort!
CATH. Wir haben überwunden/

Wir haben durch den Tod das Leben selbst gefunden.
Ach JEsu kom!

PRIST. Er komm't! Er reicht jhr seine Händ
Er beut jhr seinen Kuß!

BLUTR. Was start jhr! macht ein End.

SALO. Ach halt noch etwas inn!

BLUTR. Eilt/ werfft sie auff die Flammen

SALO. Ach warumb sterben wir Princesse nicht zusammen?

PRIST. Princesse! Sie ist hin! traur't ferner nicht vmb sie/
Die nun der Höchst erquickt/ die auß der strengen Müh
In süsse Ruh versetzt. Muß gleich der Leib verschwinden
Gibt man die übrig' Asch' als Staub den tollen Winden;
Glaub't daß dem HErren nichts auß seiner Welt verderb/
Die vnser schönstes Grab. Ein seel'ger Himmels-Erb
Schläft sanfft/ so in der See/ als in den tif'sten Gründen;
Vor denen/ die in Gold vnd Marmorstein sich finden.
Wo wird der eitle Pracht der grossen Grüffte stehn
Wenn diser Erden Baw in Flammen muß vergehn/
Vnd Gott einbrechen wird?

SALO. Brich Richter aller Sachen
Brich Rächer! Ach brich an!

PRIST. Indessen last vns wachen.

SALO. Ach warumb schlaff ich nicht vielmehr mein Heyland ein?

PRIST. Man muß/ wie/ wenn/ vnd wo Gott rufft/ bereitet seyn.

BLUTR. Von hir! euch ist nicht mehr erlaubet zu verzihen.
Diß winseln ist vmbsonst. Wolt jhr dem Zorn entflihen
Der euch diß Schauspiel gibt/ so nembt was mehr in acht
Deß grossen Königs Hand die Tod vnd lebend macht.

Chach Abas. Seinelcan. Imanculi.

Der Schau Platz verändert sich in den Königlichen Sal.

CHACH. Laufft! rettet! steht jhr? eilt/ eilt wo noch Zeit zu eilen!
Wofern es nicht zu spät! wo noch der Schlag zu heilen!
Heb't Straff vnd Vrtheil auff! vntreuer hast du nicht
Vns/ vnd dich selbst bedacht!

IMAN. Was hab ich mehr verricht
Als was Chach Abas mir außdrücklich hat befohlen?
CHACH. Sol ich dir nicht das Hertz auß deinem Busen holen?
Dein vnbedachtes Hertz? das gantz nicht überlegt
Das heisser Eyversucht/ wenn sie zu herschen pflegt
Nicht jeden Augenblick so blind sey nachzukommen?
IMAN. Wer hat den Fürsten sich zu richten unternommen?
Er schaft. Wir können nichts als was er heist vollzihn!
CHACH. Mus denn mit disem Tag all' vnser Lust entflihn!
Mus vnser Hertz durch dich Blutgiriger vergehen?
Mus vnsre Schmach durch dich auß diser Flamm entstehen?
Vnd trit der Hencker noch vns vnter das Gesicht?
Sind keine Kercker mehr? sind keine Ketten nicht?
Stracks Haly! mach jhn fest!
IMAN. O frembder Fall der Dinge!
Indem ich/ was der Fürst so scharff befahl/ vollbringe;
Fällt diser Sturm auff mich. Er reumet was er kan
Durch vnser Hände weg/ vnd greifft vns selber an
So bald die That vollbracht/ wir freveln jhm zu gutte:
Er wäscht von eigner Schuld sich rein mit vnserm Blutte!
SEIN. Du hast in disem Stück dich mercklich vbereilt.
IMAN. Er hat bey Straff deß Kopffs mir den Befehl ertheilt.
SEIN. Der Fürsten Regeln sind sehr frembd' vnd schwer zu fassen.
IMAN. Vnd wer sie nicht versteht muß so sich binden lassen.
SEIN. Geduld! noch diß ins Ohr: man thut offt vil zum Schein
Du weist was Reussen sucht! diß kan dein Glücke seyn.
Man kan dem Fürsten trew' auch in den Ketten dinen
IMAN. Wer so verfinstert wird hat nimals mehr geschinen.

Der Gesandte auß Reussen. Procopius. Demetrius. Der Prister mit dem verbrannten Haubt der Königin.

Der Schauplatz verändert sich in deß Gesand. Gemach.

DER PRIST. So ists! wie ich erzehlt! der Frauen Blum ist hin!
Die Sonn Armeniens vnd Gurgistans Gewin.
Das Wunder aller Zeit! sie hat nun vberwunden/
In dem sie vnterging. Sie hat die Cron gefunden

Indem jhr Fleisch verfil. Diß Thränenthal die Erd
Diß Angsthaus war nicht mehr deß grossen Geistes werd.
Drumb sucht er eine Bahn durch so viel grimme Risse
Vnd drang durch beyde Brüst'. Ihm ward die Flamme süsse!
Er hat sich ob der Qual der Zangen nicht entsetzt/
Die zwar den zarten Leib doch nicht den Mutt verletzt.
Wer so gesegnen kan/ verdint kein kläglich Weinen/
Wer so mit Blut gefärbt vor JEsu kan erscheinen
Acht eurer Thränen nicht. So pocht man Welt vnd Tod
Vnd trotzt die Ewigkeit/ vnd höhnt die grimme Noht!
Der Ges. Ist diß denn Abas Wort? ist Persen so zu trauen?
Luft! Himmel! Erden! See! wem wird davor nicht grauen?
Geht denn kein Donner an/ der dise Mörder trifft?
Die die Verrätherey! Diß Mordspiel angestifft.
Pflegt Persens Boden nicht gerechter Gott zu zittern/
Wenn solche Grausamkeit vnmenschlich sich wil wüttern?
Ist Abas bey Vernunfft? blutgirig Tygerthier
Stelst du dir deinen Eyd vnd hoch Versprechen für?
Hat jemals ein Tyrann so auff ein Weib gewüttet?
Ist eine Königin je mit der Qual beschüttet?
Die ärger als der Tod? wer strafft so einen Knecht?
Gilt Schönheit/gilt Vernunfft/ gilt Jugend/ gilt Geschlecht
Gilt königlicher Stam/ gilt meines Czaren bitten
Nichts bey den Bestien? auff! last die Mörder-Hütten
Der tollen Hencker stehn! ist diß das neue Band/
Das Zeichen warer Gunst/ das starcke Frieden Pfand?
Armseelige! muß ich/ weil ich dich wil befreyen/
Zum Werckzeug deiner Qual mich selbst unwissend leihen?
Mein bitten/ Königin! mein bitten hat gemacht
Daß man dich so in eyl! so schändlich vmbgebracht!
Printz Tamaras! bring ich dir so die Mutter wider?
Auch nicht die edle Leich' vnd abgekränckte Glider?
Nichts als ein scheußlich Haubt/ das sonder Zung außspricht
Wie schlecht in Persen ich dein wündtschen außgericht!
Ach mit was Thränen wirst du diß Geschenck' empfangen!
Die Stirnen sonder Fleisch! die eingeschrümpfften Wangen!

Die nicht mehr schönen Zähn! die Lippe von Rubin/
Deß Güldnen Hares Pracht/ der Augen Glantz ist hin/
Wirst du betrübter Fürst/ wirst du mir auch wol glauben
Daß Chach so grimmig dich der Mutter liß berauben
Daß Persens Haubt so leicht mit Mund vnd Eyde schertzt/
Daß man hir weder Stand noch Freund noch Feind behertzt?
Nein! nein! Ach man wird mir die gantze Schuld aufflegen/
Mir wird dein seufftzend Hertz/ mir wird dein Thränen Regen
Verweisen was nicht ich/ was Chach verbrochen hat/
Auch ich/ der unbedacht den tollen Leuen bat.
Du numehr heil'ge Seel! die du nun ander Reiche
Mit höher Macht behersch'st! du Haubt der heil'gen Leiche
Du selbst der du diß Haubt mit Ehren-Cronen schmückst
Vnd den erfreuten Geist auff deinem Thron erquickst;
Entdeckt wer hiran Schuld/ jhr auch Gurgistans Helden
Helfft eurer Königin erschrecklich Vrtheil melden/
Vnd zeugt im Angesicht der Völcker stets vnd frey;
Daß weder Redligkeit noch Trew in Persen sey.
PRIST. Zeugt liber; mit was Mutt die Königin gesieget
Die sterbend/ von Qual/ Angst vnd Lust vnd Tod bekriget/
Doch herrlich vberwand. Zeugt daß sie alle Pracht
Vnd die geheuffte Pein der Parthen hat verlacht.
Mißgönt jhr doch jhr Glück nicht mit so herben Thränen.
Sie ruht in disem Port nach dem sich alle sehnen!
Sie ist wohin wir gehn/ vnd lacht vons Himmels Hauß
Der Erden Eitelkeit vnd Abas wütten auß.
Glaubt auch daß euer Reich darfür diß Blut geflossen/
Als ein verbranntes Feld vom Regen vbergossen;
Vnd die bedrängte Kirch die diser Taw genetzt
Mehr Früchte tragen wird/ als da sie unverletzt.
Glaubt daß wofern die Lust in welcher sich befinden
Die (wie der werthe Geist) standhafftig vberwinden/
Wofern die Lust zuläst daß man von vnserm Weh
Noch etwas wissen mag; die Fürstin in der Höh
Auch euer indenck sey vnd Gott vor Augen trage

Eur vberherrtes Land/ vnd hochgehäuffte Plage/
Daß sie.
GESAN. Wer da?
DIENER. Mein Herr der Haubtman spricht jhm zu
GESAN. Woll gönt man vns auch nicht zu wenig Thränen/ Ruh?
Sucht man vns noch auffs new vmbs Licht herumb zu führen!
Sucht man wie vns zu Mutt boßhafftig außzuspüren?
Er kom' er wisse was die Seele mir verzehrt/
Vnd mehr denn er villeicht zu wissen hat begehrt.

Seinelcan. Der Gesandte.

SEIN. Nach dem Chach Abas hört/ daß nach vollbrachten sachen/
Sich der Gesandt' entschleust nach Reussen heim zu machen!
Wündtscht er zu solchem Zug' jhm so beständig Glück
Als dessen Tugend werth der die verknüpfften Strick
Der Zwitracht/ durch Verstand vnd Arbeit auffgebunden/
Der für die Länder Frid' vnd für sich Ruhm gefunden/
Vnd schenckt zum Abschid jhm/ für angewandten Fleiß
Die Zeichen seiner Gunst.
GESAN. Seinelcan glaub/ ich weis/
Daß ich durch Gaben nicht von jemand zuerkauffen/
Ein Geist durch Ruhm entbrand acht keiner güldnen Hauffen/
Doch daß mit seiner Gunst mich Abas ehren wil
Vnd diß zu Pfande schickt; ist warlich was zu vil.
Ich wündtsche nur allein mir dise zu gewehren
Die Czar so embsig mich von Persen hiß begehren:
Die Abas mir noch heut'/ als ich inständigst batt
Ja vnserm Czaren selbst durch mich versprochen hat.
SEIN. Wir wündtschten/ möcht es seyn! euch dise Fraw zu geben
GESAN. Wie? warumb mags nicht seyn?
SEIN. Sie ist nicht mehr bey Leben
GESAN. Was sagt der Fürst? Ist diß was Abas mir verhiß?
SEIN. Chach ist auff den erhitzt der sie verbrennen liß.
GESAN. Wie? dürft jhr Königin die Chach loß gibt verbrennen?
SEIN. Wer schuldig; wird wie vil er darff im Tod erkennen.
GESAN. Kan Chach zu disem Stück' euch durch die Finger sehn?

Sein. Es ist jhm vnbewust/ durch frembden Haß/ geschehn.
Der Fürst dem Schiras-Burg vom König anbefohlen
Hat auß vergifften Neid in eyl/ wie wol verholen/
(Zu rechnen seinen Sohn der für Gurgistan blib/
Als man den Tamaras auß seinem Thron vertrib)
Diß freche Stück gewagt/ mit Vorsatz stracks zu weichen
In Osmans nahe Zelt/ ehr die entseelte Leichen
Verraucht auff jhrer Glut. Doch nein! es ist entdeckt.
Wie heis deß Fürsten Zorn durch disen Brand entsteckt
Weist schon sein Kercker auß. Vnd sein erschrecklich Ende
Wird darthun mit was Ernst die höchstergrimmten Hände
Deß Fürsten sich gefas't das Rach-Schwerdt außzuzihn
Auff die/ die seine Macht zu pochen sich bemühn.
Gesan. Es blickt ja mehr denn vil wie leicht sich Chach erhitze;
Es blickt ja hir wie man die Seel im Blut außschwitze
Der Fürstin Holtzstoß zeugt daß strenge Tyranney/
Durch Gaben/ Bitt vnd Nutz nicht zuerweichen sey.
Laß ich in dem ich Perß vnd Reussen sol versöhnen
Der Reussen Haubt in mir durch euren Trotz verhönen?
Besigelt jhr den Bund mit diser Frauen Tod
Vmb die man Friden schloß? wozu versprechen Noth
Wem sol man vnd auff was in Ispahan vertrauen:
Wenn man auff Abas Wort nicht mehr darff feste bauen?
Recht so! schertzt mit dem Eyd vnd speyt den Himmel an
Doch denckt daß dise Flamm das Reich anzünden kan!
Sein. Es fält mir gantz nicht schwer den Wahn zu widerlegen
Den der Gesandte schöpfft; doch laß er sich bewegen
Mehr durch die Werck als Wort. Der Fürst ist ja verstrickt/
Der Stat voll neuer Furcht. Chach der mich zu ihm schickt
Beklagt den herben Fall. Ich darfs außdrücklich sagen;
Ich! der jhn selbst gehört die Königin beklagen.
Wie? oder meint man nicht daß er was Bund versteh?
Daß sein versprechen jhm nicht zu Gemütte geh?
Nein sicher! es lest sich mit Printzen so nicht schertzen.
Die Fürstin ist entleibt! vnd zwar durch herbe Schmertzen!
Ist denn der Mörder frey? ists bey euch vnerhört

Daß (Trotz deß Czaren Wort) die heisse Rach versehrt.
Die/ den der Reussen Haubt liß volle Freyheit geben?
Selbst die er neben sich hiß in Palästen leben
Fil offt der Frevel an! man fragt nicht obs gescheh;
Nur ob man/ wenns geschehn/ auch durch die Finger seh!
Wil der Gesandt' jhm diß für eine Schmach anzihen;
Wil er/ nun man schon siht/ den güldnen Friden blühen
Vmbstossen was man schloß; so richte Gott vnd Welt/
Ob Vrsach/ daß auffs New das Leichen-volle Feld
Vns all' in Eisen seh. Wo Chach das Recht lest schlaffen;
Vnd nicht diß Mordstück eilt nach würden abzustraffen;
So schreit die Wolcken an/ so reist den Bund entzwey/
Vnd ziht die Sebel aus. Doch steht euch beydes frey!
Denckt nur ob man hirdurch die Todte werd' erwecken/
Vilmehr gehts vber die/ die noch im Kercker stecken.
Sie/ war ein frembdes Weib. Eur eigen Nutz ist groß.
Man gibt für eine Fraw vil tausend Reussen loß!
Auch/ daß er ja was wir gesonnen/ könne spüren;
Läst jhn Chach Abas die mit sich auß Persen führen
So noch von Gurgistan vnd Tefflis vbrig sind.
Schlagt nicht eur eigen Glück so ruchloß in den Wind!

GESAN. Die Sach ist überlegt! was wir vor Nutz zu hoffen;
Steht euch so vil als vns. Sind eure Länder offen:
Die vnsern sind euch frey! eur Kercker ist nicht ler;
Die vnsern sind gefüllt. Ist eure Wage schwer;
Der Reussen ist nicht leicht. Wer schuldig/ muß es fühlen.
Wo Abas disen Brand nicht wil mit Blut abkühlen;
So sind die Wort vmbsonst.

SEIN. Noch heute sols geschehn;
Daß er deß Mörders Kopff sol auff der Taffel sehn.

Chach Abas. Catharina.

Der Schau Platz verändert sich in den Königl. Saal.

CHACH. Ist Catharina Tod vnd Chach ist noch bey Leben!
Vnd wil der Himmel nicht/

Gewaffnet mit der Glut von Schwefel-hellem Licht
Feuer nach dem Kopffe geben?
Hat Chach/ Princessin! sich/ hat Chach sich so vergriffen?
Vnd sein selbst eigen Hertz durch deine Qual zurissen?
Was hilffts daß Thränen vns von disen Wangen flissen
Als die gefärbten Ström' auß deinen Wunden liffen!
Princessin räche dich! entzünde diß Gemütte
Mit jmmer-neuer Rew vnd Schmertzen!
Trägt Abas Marmer in dem Hertzen?
O Zarte! könte nicht deine mit Thränen gesellete Bitte/
Die rasend tolle Flamm deß Eyfers zwingen?
Warumb doch können wir nicht durch den Abgrund dringen.
Vnd dich auß dem harten Kercker deß ergrimmten Todes reissen/
Ach wir selbst! wir sinds! Princessin! die den Tod dich kerckern heissen.
Du Wunder der Natur! du Ehre deiner Zeit!
Ward dein freundlich Angesichte
In der heissen Glut zu nichte!
Verging im Rauch die schöne Libligkeit?
Princessin/ nicht die grimme Glut/
Hat deiner Glider Schnee so ungeheuer auffgezehret;
Nur dise Flamme die den Mutt
Mit ewig-heisser Rew beschweret.
Der süssen Liebe Fackel hat nie dises harte Hertz berühret!
Die Rach in ihrem Schein hat vns verführet/
Auch Rache nicht/ die Scharen auß der Hellen
Gehäret mit Schlangen/ gerüstet mit Plagen/
Die haben Holtz zu diser Glut getragen/
Vnd vns gesucht ins Grab durch deinen Tod zu fällen!
O Greuel! O! was trit vns für Gesichte!
Bist du es/ vorhin dises Hertzens Lust?
Wie schrecklich hängt die abgezwickte Brust!
Tagen deine bluttige Thränen den Himmel auff vns zu Gerichte!
Rauff doch! rauff doch nicht ab
Die versengten Hare
Wir wündtschen vnser Grab/

Vnd lauffen nach der Bare/
Schauet wie sie die entblösseten Arme zu dem gestrengen Richter streck'/
Höret doch wie sie die schlaffende Rache mit vnablößlichem ruffen erweck'.
Schauet! schaut! der Himmel bricht!
Die Wolckenfeste reist entzwey/
Das rechte Recht steht ihrer Sachen bey!
Das Recht ists selbst das vns das endlich Vrtheil spricht.
Princessin Ach! wir sehn sie vor vns stehn!
Nicht mehr mit eigner Röt deß keuschen Bluts gefärbet/
Sie hat ein höher Reich ererbet/
Als dises das mit vns muß vntergehn.
Ihr liblich-zornig Antlitz wird verkehrt in eine lichte Sonne/
Ihr Hertz vergist der rauhen Schmertzen vnd wundert sich ob neuer Wonne
Sie ist mit schönerm Fleisch vmbgeben/
Der zarten Glider edles Leben
Trotzt alle Schönheit die die grosse Welt/
In jhren Schrancken helt.
Sie prangt in Kleidern/ darfür Schnee kein Schnee!
Ihr wird ein Thron gesetzt in der besternten Höh.
Sagt ferner nichts von Schütternden Gesteinen/
Die Cron/ die Vnschuld jhr auff die beperlten Hare setzet/
Geht allem vor was Phrat vnd Tagus schätzet.
Princessin Ach! wer wil dein Glück beweynen?
Als Chach! auff welchen sich dein Grimm erhitzt/
Der vmb vnd vmb mit lichten Flammen blitzt/
Princessin Ach! Princessin! Ach wir brennen!
Feuer! Feuer! Feuer! Feuer! Feuer kracht in disem Hertzen!
Wir verlodern/ wir verschmeltzen angesteckt durch Schwefel-Kertzen!
Princessin schau! Princessin wir bekennen
Entzeptert! auff dem Kny! vnd mit gewundnen Händen/
Daß wir vnrechtmässig dich betrübet/
Daß wir ein Stück an dir verübet/
Welches aller zeiten Zeit wird grausam nennen.

Princessin heische Rach!
Ach! Ach! Ach!
Laufft! bringt die Mörder vmb/ die Hand an sie geleget!
Weg Zepter weg! Chach hat hir selber Schuld!
Vnd trägt der Himmel noch mit vns Geduld!
Start dise Faust die West vnd Ost beweget?
Komm komm mein Schwerdt! wir haben Macht vns selbst zu straffen!
Was hir! geht Schiras ein! wo knirschen dise Waffen?
Was für gerase der Trompeten?
Wer zückt die Sebel vns zu tödten?
Der Erden Grund brüllt vnd erzittert!
Was ist das hinter vns sich wüttert
Wie? oder schreckt vns eitle Fantasy!
Princessin! Ach wir sincken auff die Kny
Wir vor dem sich gantz Osten niderbeuget!
Vergib dem welcher seine Rew mit ewig-bitterm Kummer zeiget!
CATH. Tyrann! der Himmel ists! der dein Verterben sucht/
Gott läst unschuldig Blut nicht ruffen sonder Frucht.
Dein Lorberkrantz verwelckt! dein sigen hat ein Ende.
Dein hoher Ruhm verschwindt! der Tod streckt schon die Hände
Nach dem verdamten Kopff. Doch eh'r du wirst vergehn;
Must du dein Persen sehn in Kriges Flammen stehn/
Dein Hauß durch schwartze Gifft der Zweytracht angestecket/
Biß du durch Kinder-Mord vnd Nächstes Blut beflecket
Feind/ Freunden vnd dir selbst vnträglich/ wirst das Leben
Nach grauser Seuchen Angst dem Richter vbergeben.
CHACH. Recht so! Princessin! recht! greif vnsern Sigkrantz an.
Bekrige Persens Ruh! reiß was vns schützen kan/
Mit starcker Faust hinweg. Laß nun du schon erblichen
Den wackern Hohmut auß/ dem Abas offt gewichen.
Laß auff dem Brand Altar/ dem Schauplatz deiner Pein
Zu lindern deinen Grimm vns selbst ein Opffer seyn/
Doch ist wol herber Rach' vnd die mehr kan betrüben
Als daß Wir/ Feindin/ dich auch Tod stets müssen liben.

ENDE.

Andreae Gryphii. Kurtze Anmerckungen über etliche dunckele Oerter seiner CATHARINE.

1 wird gezihlet auff die schönen Wort Senecae de Tranquillitate cap.II. Quod regnum est, cui non parata sit ruina & proculcatio & Dominus & Carnifex. nec magnis ista intervallis divisa, sed horae momentum interest inter solium & aliena genua. Besihe das gantze Capitel durch vnd durch. Worbey zu erinnern daß dises Traurspiel längst vor dem jämmerlichen Vntergang Caroli Stuardi Königs von Groß-Britanien auffgesetzet.

2 24. Iuvenal. in dem X. Straffgedichte - Mors sola fatetur Quantula sint Hominum corpuscula - - -

3 Die/ welche sich zum ersten durch die vnbekante See in die neue Welt gewaget/ haben die neuen Vfer vnd Inseln hin vnd wieder nach jhren/ jhrer Herren vnd Freunde Namen genennet. Besihe die Land Taffeln von der Straß Magallanis, Brasilien, Florida, Caribes, Canada. &c.

4 In Michaelis Florentii Langreni Abriß deß Mondens/ werden die Flecken vnd Theile mit der berühmtesten Fürsten vnd Sternkundigen Namen bezeichnet. Da vnter andern die Strasse der Ehren/ der Arbeit/ vnd so fort an. Worbey ich nicht vorüber kan/ mich zu erinnern der artigen Worte der Durchlauchtigsten vnd vnvergleichlichsten Fürstin Elisabeth Pfaltzgräffin beym Rhein. Welche als jhr selbtes Kupferstück von dem Erfinder vbersendet: Selbigen gerühmet daß er so freygebig gegen sie gewesen/ vnd/ in dem sein König sie jhrer Väterlichen Erbländer entsetzet/ jhr doch einen Platz in dem Monden vergönnet. Nur erwartete sie von jhm Mittel selbigen in Besitz zu nehmen. Diese Arbeit ist kurtz hernach durch das schöne Werck Iohannis Hevelli gantz verfinstert. Welchem mit jhren Abrissen bald gefolget A.49. Eustachius vnd A.50. Hierony-

mus Sirsalis, vnd zu letzt/ sovil mir wissend/ Iohannes Baptista Ricciolus durch beystand Francisci Mariae Grimaldi.

5 Besihe der Dritten Abhandelung ersten Auffzug/ in welchem die Königin jhr gantzes Leben erzehlet.

6 Andere Königliche Hoffstadt in Armenien.

7 Tamaras ist der Königin Catharine leiblicher Sohn vnd regirender König in Georgien.

8 Betrachte das niemal genung-gelobete Gedichte Ausonii von den Rosen. Edyll.XIV.

9 Perlen bedeuten bey den Traum-außlegern Threnen. Pseudo Salomon. lib 5. Qui videt sibi adduci sarginas (lego sarcinas) Margaritarum, significat Dolorem aut Ploratum sortem. c.14. Astrampsych. in Oneirocrit. Οι μάργαροι δηλουσι δακρύων ρόον. Perlen bedeuten Threnen-flüsse. Schier eben dise Wort sind der Traumaußlegung Nicephori Patriarchae Constantinopol. Ob wol Achmet vnd Artemidorus widerwertiger Meinung. Besihe Cardanum in Synesianis. P.C. Hoft. in der Lebensbeschreibung Henrichs deß Grossen. Oóck had sy ghedróómt, (die Königin Maria Medices) toen men besigh vvas met hare króón van ghesteente op te maken, dat alle de gróte demanten vvaren verandert in Perlen.

10 Czar . Der gewöhnliche Titul mit welchem die Reussen jhren Groß-Fürsten verehren. Soll nach etlicher Meynung von dem Lateinischen CAESAR herrühren.

11 Besihe in der Dritten Abhandelung auff der 48. Seite den 7. vnd folgende Reimen.

12 Ispahan . Die Königliche Haubtstadt in Persen Welche von vilen weitläufftig beschriben/ vnd wegen Jhrer Vortreffligkeit herlich herauß gestrichen.

13 Bajazeth . Dessen Geschichte nun mehr denn zu bekandt vnd von Leunclavio vnd andern weitläufftig beschriben.

14 Ibidem. Phrat. Vorzeiten Euphrates. fleust zwischen Türckey vnd Persen in den Persischen Meerschos/ oder Mare Elcatiff.

15 Chaldar . Vorzeiten Chaldea/ aus den alten/ wie auch heiligen Schrifften berühmet genung.

16 Wolg . Der berühmte Fluß in Reussen/ welchen etliche vor deß Ptolemaei Rha halten/ lauffet zwischen disen Völckern vnd den

Tartarn in die Caspische See.

17 Den Helden. Diser ist Muhammet der ander welcher Trapezunt vnd Constantinopel/ welche die Türcken Stamboll nennen/ erobert.

18 Iren . Dise traurige vnd schreckliche Mordthat wird von vnterschidenen erzehlet/ der Autor Icariae hat sie weitläufftig beschriben. Am allertrefflichsten aber Ludovicus Cellotius S.J. in seinem vbermaß schönen Lateinischen Gedichte/ welches nebenst andern seinen Poematibus außgegangen.

19 P.39.v.20. Von der alten vnd neuen Persen/ hefftigen vnd ungeheuren Lebens-Straffen sind alle Bücher voll. Besihe Purchasium vnd Olearii Persische Reise. Die Beschreibung der Absendung welche auff Befehl Rudolphi II. an Chach Abas gethan/ vermeldet/ daß Chach Abas in gegenwart deß Abgesandten selbst/ mit eigener Hand einen Gefangenen erhauen.

20 Nahe bey Sirvan sind die Vberbleibungen eines Thurmes von Steinen vnd Todten-Köpffen zu finden/ derer Edelen abgehauen/ welche der König in Persen bezwungen vnd zum gedächtnüß einmauren lassen. Besihe die Reise Johannes Cartwigts. Item Antonium Jenckinson in seiner andern Reise in Persen gethan/ im 1562. Jahre. Wiewol etliche der Meynung er hätte seinen Grimm geändert/ vnd an stat Menschen- so vil Hundes-Köpffe dahin setzen lassen.

21 Ameleke Kanna eines Persischen Königs Tochter/ hat sich vnweit Sirvan mit einem Messer selbst entleibet/ als sie nach gethanem Gelübde der Keuschheit von jhrem Vater gezwungen einen Tartarischen Fürsten zu heyrathen. Derowegen die Persen ein Jungfrauen Closter jhr zum Gedächtnüß gestifftet/ in welchem von den Jungfern deß Landes jährlich jhr Vntergang bey jhrem Grabe betrautet wird. Besihe Cartwigts Reisebuch.